미래 교직 디자인

미래 교직 디자인

초판 1쇄 인쇄 2024년 2월 25일
초판 1쇄 발행 2024년 2월 29일

지은이 캐럴 G. 베이즐, 브렌트 W. 메딘, 리처드 L. 오드레인
옮긴이 정바울, 김지연, 신승기
펴낸이 김승희
펴낸곳 도서출판 살림터

기획 정광일
편집 이희연
디자인 유나의숲

인쇄 · 제본 (주)신화프린팅
종이 (주)명동지류

주소 서울시 양천구 목동동로 293, 22층 2215-1호
전화 02-3141-6553
출판등록 2008년 3월 18일 제313-1990-12호
이메일 gwang80@hanmail.net
블로그 http://blog.naver.com/dkffk1020
한국교육연구네트워크 www.kednetwork.or.kr

ISBN 979-11-5930-277-0(93370)

미래 교직 디자인

캐럴 G. 베이즐, 브렌트 W. 메딘, 리처드 L. 오드레인 지음
정바울·김지연·신승기 옮김

살림터

적소구축. 발달에 적합한 환경을 만드는 일을 의미한다. 한국 사회에서는 국가가 정해놓은 하나의 교육과정과 하나의 학습 목표를 따라오지 못하는 아이는 낙오되는 시스템이 있다. 그 과정에서 후진성은 초등에서의 학업중도탈락학생 증가, 청소년 사망원인 1위 등에서 보란 듯이 나타난다. 이러한 시스템이 더 이상 우리 사회에서 존속할 수 없음을 많은 사회적 신호에서 감지할 수 있다. 이에 여야는 물론 교육부에서 학생맞춤형통합지원법안을 준비하고 있다. 미래교육디자인은 각기 다른 학생의 발달에 적합한 학교 환경 구축을 위해 1교실-1교사에서 1교실-다수의 전문가 협력 체제로의 전환을 이야기한다. 마치 학생맞춤형통합지원법안의 필요성과 앞으로 나아갈 방향을 미리 그려보라는 듯하다. 우리의 미래는 교육에 달려 있고, 교육의 성패는 교사와 학생 그리고 학부모 모두가 학교의 중요한 가치와 의미를 이해하고 납득하느냐에 달려 있다. 이 책은 교직의 미래상을 제시해 우리 사회 구성원 모두의 미래를 그려보는 데 작은 도움이 될 것이라 기대한다.

- 실천교육교사모임 회장 교사 천경호

이 책은 시도해 볼 만한 가슴 뛰는 해법으로 가득 차 있다. 근본적이고 전면적이며 구조적인 문제를 다루기 버거워하는 오래된 관료 조직의 한계를 핑계로 외면하거나 체념했던 문제들을 실천 가능한 의제로 선명하게 부각하고 있다. 현재 우리 사회에서 학교는, 교사는, 오직 견디고 있을 뿐이라는 만성적 위기상태에 놓여있다. 거대한 교육 인력을 어떻게 재정의하고, 재구조화하고, 운용할 것인지에 관한 근본적인 문제를 단호하고 절실하게 다루지 않고서는 상황이 호전되기를 기대하기 어렵다. 이 책에서는 우리가 교육 인력을 구성하는 데 생각할 문제를 보여준다. 그렇기에 이 책의 독서 가치가 빛난다.

- 현 서울시교육청 교육정책연구소 박상준 소장, 전 도곡초 교장

교사는 지식 전달을 위한 도구가 아니다. 교사는 동료와 함께 기획하고, 학생과 함께 실천하는 지성이다. 20여 년의 교직 생활 동안, 나는 그런 생각을 가진 교사였다. 그런 내게 "공동기획, 공동실천"보다 설레는 말은 없었다. 함께 기획하고 실천하면 성과도 책임도 나눌 수 있다. 누군가 한 사람에게 관료주의적 책임을 전가하지 않아도 된다. 분산적 전문

성은 교원, 학생, 학부모가 모두 주체가 될 수 있게 한다. 이 책은 공동 기획과 실천을 위한 안내서이다. 그리고 모든 것을 홀로 고민하는 현실 속 개인교사에 협력과 공동책임의 가능성을 제시한다. 교육은 관계 속에서만 비로소 작동한다. 교사 그리고 팀의 협력은 학교를 새롭게 만드는 가장 큰 힘이다. 이 책을 교직의 조직에 대해 고민하는 이들에게 권한다.

- 서배성(초등교사, 사단법인 새로운학교강원네트워크 대표, 전)강릉청소년마을학교 '날다' 교장)

2023년 여름, 선생님들은 뜨거운 아스팔트 위에서 공교육 정상화를 외쳤다. 우리는 그 외침이 절대 헛되지 않기를 바란다. 하지만 교사의 사기는 여전히 바닥을 치고 있고, 초등교사를 양성하는 교육대학교에 대한 입시 지원 경쟁이 시들해졌다는 소식도 들린다. 교직을 기피하는 현상을 두고만 볼 수 없다. 이 책에서는 교직이 괜찮은 직업이라는 생각이 들 수 있도록, 전통적인 1교사-1학급 모델 대신 팀 기반 모델을 제시하며 교육 시스템을 근본적으로 바꾸려고 한다. 이 책을 통해 공교육의 위기를 극복하기 위한 다양한 논의가 이루어지기를 바란다. 교직은 괜찮은 직업이어야만 한다.

- 김재동(사단법인 초등교사커뮤니티 인디스쿨 부대표 겸 기술연구팀장, 초등학교 교사)

세계적 석학 데이비드 베를리너의 서문

한 나라의 민주주의는 공교육 체제의 질에 달려 있다고 해도 과언이 아니다. 그렇다고 한다면, 나는 지금의 민주주의는 위기에 직면해 있다고 생각한다.

공교육에 대한 비난은, 특히 질과 비용에 대한 비난은 비단 어제오늘 이야기가 아니다. 호레이스 만이 공교육 무상교육을 주창한 이래 줄곧 그래 왔던 것이 현실이다. 그러나 최근 몇십 년 사이 공교육 체제에 대한 비판은 전혀 다른 차원의 국면으로 접어들었다. 유력 정치인들은 공립학교에 대한 대중의 지지를 약화하는 것에 서로 앞장서고 있다. 공교육에 대한 무수한 비판들은 과거라면 통상 해결하는 것이 가능한 수준이었던 국지적이고 일부 지역에서의 교사 부족 문제를 초래한 정도였다. 그런데 최근에는 교실에 자격을 갖춘 교사를 찾아서 배치하는 것 자체가 근본적으로 매우 어려운 상태가 되었다. 그 까닭으로 우선 대학생 자녀를 가진 부모들은 자녀가 교사가 되는 것을 원치 않기 때문이다. 부모들은 자녀들에게 교직은 이제 예전에 한때 가졌었던 그 명성과 특권을 이미 상실했다고 말한다. 사실, 교직은 대졸자 기준, 특히 여성의 경우, 턱없이 낮은 급여를 지급한다. 그간 수십 년간의 공교육에 대한 비판은 이제 본격화되고 있다. 한때 농산어촌 지역이나 원도심 지역 정도에서 심각했던 교사 부족 사태가 이제는 국가적 차원의 위기가 되었다. 그리고 이 상황은 한 국가의 민주주의에 심대한 영향을 끼친다.

매년 수많은 학생들은 한 나라의 성숙한 시민이자 성실한 직업 세계의 역군으로 성장하기 위해 교육받고 준비될 필요가 있다. 학생들은 교과 지식뿐만 아니라, 한 국가의 민주주의와 국가 경쟁력을 유지할 방법에 대해서도 배워야 한다. 이를 위해 무엇보다도 중요한 것은 모든 교실에 자격을 갖춘 우수한 전문성 있는 교사를 배치하는 것이다. 그런데 교직을 지망하는 지원자들의 현격한 감소로 인해 이러한 목표를 달성하기가 점점 더 요원해지고 있다.

이러한 현실을 고려해 본다면, 현재의 교직 체제가 과연 이와 같은 국가적 목표를 달성하는 데 있어 최선이고 유일한 대안인지 철저하게 재검토할 필요가 있다. 이 책을 주목해야 하는 이유도 바로 이것이다. 저자들은 지금까지 학생들을 교육하는 데 그간 "시도해 왔고 또 진실한" 유일한 대안으로 여겨지고 있는 '1교사-1학급' 체제에 대한 사려 깊고 흥미로운 대안을 제시한다. 게다가 이 책에서 제안하는 대안은 단지 만성적인 교사 부족 문제를 해소하려는 것만이 아니다. 오히려 이를 통해 더 나은 교육을 제공할 수 있고, '문화적으로도 더 적절한' 교육을 제공하며, 교육자들이 팀 단위로 전문적 협업을 통해 교육 활동을 수행하고, 이를 관리하고 이끄는 리더 교사직을 신설, 배치함으로써 교직의 지위와 위신을 강화할 수 있다고 주장한다.

저자들은 공교육과 학교 교육을 위한 새로운 비전을 창조하는 데 독자들을 초대한다. 그들의 비전은 아직 확정적이거나 결정된 것은 아니다. 이에 더해 저자들은 민주주의와 직업 세계를 위한 교육이 어떻게 달성될 수 있을지에 대한 새로운 모델을 기반으로 교육자 개개인이 자신만의 모델을 개발할 것을 요청한다. 이에 더해 저자들은 미국 공교육 역사 전반에 걸쳐 유지되어 온 친숙한 '1교사- 1학급'이라는 전통적 학교 교육 체제와는 다른 대안적 모델을 탐색한다. 사실 이것은 플라톤 학파, 빅토리아 시대 영국, 그리고 미국 전역에 이르기까지 오랫동안 널리 존재했던 낭만적인 '단일 학급' 모델이다. '1교사-1학급' 모델은 서구 문화

전반에 깊이 뿌리를 두고 있지만 이제는 그 대안이 필요한 시점이다. 이 대안적 학교 모델의 초점은 '분산적 전문성' 이론에 입각한 교사의 전문성 가정에 기반한다. 모든 교사가 모든 주제, 모든 새로운 테크놀로지, 그리고 모든 학생과 그들의 가정에 대한 모든 것을 알 수도 없을 뿐만 아니라 알 필요도 없다. 물론 학생들과 함께 일하는 사람들 중 누군가는 알아야 한다. 그런데 그것이 단 한 사람이어야 할 필요는 없다. 나 역시도 수년간 교육에 종사해 왔기 때문에 이 책에서 제안하는 학교 교육과 교직 재구조화 모델이 그렇게 새로운 것은 아니라는 것을 잘 알고 있다. 그러나 지금은 상황이 달라졌고 이러한 변화를 위한 시간이 무르익었다고 할 수 있다. 전문적으로 훈련된 교사는 부족하고, 다양한 요구의 학습자는 날로 증가하고 있으며, 이민자 증가에 따른 학생 다양성이 증가하고 있고, 첨단 디지털 테크놀로지의 발전으로 인해 이제 더 이상 교사 혼자 열심히 일한다고 해서 감당할 수 있는 수준을 이미 지난 지 오래다. 교사 혼자서는 함께 역동적으로 협력하면서 일하는 교육자 팀처럼은 도저히 일을 잘해낼 수 없다. 따라서 이 책은 모든 교육자에게 학교 교육의 방법과 체제에 대해 다시 생각하는 기회를 제공한다는 측면에서 매우 환영할 만한 책이라고 할 수 있다. 이 책에서 제시된 여러 좋은 아이디어들은 학교에서 정말 제대로 작동할 수 있을까? 이 질문에 대한 답은 학교 현장에서 실천해 봐야만 답할 수 있을 것이다.

데이비드 C. 베를리너

애리조나주립대 리전트 명예교수

템피, 아리조나

| 머리말 |

불평등의 문제를 해소하고 모든 학습자의 성공을 보장하기 위해서는 교육이 변화해야 한다는 것은 널리 알려진 사실이다. 수많은 개혁, 교육과정 개정, 기술 혁신, 대안적 교사양성체제와 수습교사제 도입에도 불구하고 교육 변화의 시침은 여전히 움직이지 않고 그대로이다. 수많은 보고서들은 학교, 교육청, 정부, 그리고 씽크탱크들이 기대하는 학생들의 성취 목표와 실제 성취 사이의 격차가 좀처럼 줄어들지 않았다는 한탄 일색이다. 이제는 신속하게 개인화된 학습뿐만 아니라 정신 건강, 즐거운 학습 등에 대한 요구도 함께 충족해야 하지만 여전히 고전 중이다. 교육의 '노멀(normal)'은 이미 오래전에 변화했어야 했다.

2020년 3월 교육은 대대적으로 변화했다. 기존 교육의 노멀은 균열이 난 정도를 넘어 이제는 상상할 수 없을 정도로 곪아 한껏 부풀어 터지기 직전이다. 한때 팬데믹으로 인한 학교 폐쇄는 일시적인 봉쇄 정도로 여겨졌지만, 이제는 이 변화가 학습과 교육에 있어 꽤 오래 지속될 것임을 알 수 있다. 이 팬데믹으로 인한 변화가 오랫동안 기다려 왔던 학습자들이 누려야 할 새롭고 공평한 학습 경험과 실천을 구축하는 근본적인 변화의 모멘텀이 되기를 기대한다[1]. 이 변화의 시작은 교육자로부터 시작되어야 한다. 무엇보다 그들은 누구이고, 학습자들을 위해 어떻게 협업하고 업무를 조정해 나가는지에 대한 변화가 필요하다.

대부분의 교사는 초임 시절부터 1교사-1학급 체제에서 업무를 수행하도록 양성되고 훈련되는데, 많은 경우 실제 교실 수업 경험은 부족한 상태로 일하게 된다. 하지만 30년 경력의 베테랑 선배 동료교사처럼 가르치고 결과를 낼 것으로 기대된다. 초등학교 교사는 모든 학생에게 모든 과목을 가르쳐야 하고, 중등학교 교사는 종종 자신이 가르치는 교과에만 고립되곤 한다. 교사는 승진을 추구하거나 급여의 인상을 추구한다면 그것은 곧 교실을 떠나는 것을 의미하고, 행정가나 전문직(장학직)으로 전직하는 것을 의미한다.

웬디 로빈슨이 현 교사 양성과 임용 체제는 '임박한 위기'라고 표현한 상황에 직면하고 있다고 표현했는데 이는 그리 놀라운 일이 아니다.[2] 역사상 처음으로 유명한 PDK(Phi Delta Kappan) 설문조사에서 응답자의 절반 이상이 자녀가 교직을 선택하는 것을 원하지 않는다고 응답했다.[3] 이러한 정서는 교사양성대학의 신입생 입학과 충원, 그리고 재학생 유지 등에도 고스란히 투영되어 있다. 2018년에 교사양성대학의 등록률은 2010년과 대비하여 3분의 1이상 감소했다.[4]

이러한 시스템은 교사에게만 심각한 상황이 아니다. 이는 학습자들에게도 학교 교육 시스템이 제대로 작동하고 있지 않다는 것을 시사하는 것이다. 국내외 평가에서 미국 학생들의 성취도는 기껏해야 평범한

---

1 Audrain et al. (2022).
2 Robinson (2017, p. 2).
3 PDK International (2018).
4 Partelow (2019).

수준이다. 뒤떨어진 시스템으로 인해 수많은 학생들이 소외되고 있고, 교사들은 교직을 떠나고 있는 실정이다 보니, 현장에 우수한 교사가 턱없이 부족한 형편이다. 교사의 양성, 임용, 유지에만 급급하고 이를 해결해 보려는 데 치중하는 것은 현 상황을 개선하는 데 충분하지 않다. 교육에서 이상적으로 기대하는 전문적이고 의미 있는 학습 성취를 원한다면 제도적 차원에서 보다 광범위하고 근본적인 개선 노력을 기울여야 한다.

변화의 시작은 이것이 단순히 교사 부족 문제가 아니라 훨씬 더 복잡하고 심각한 문제라고 제대로 인식하는 것이다. 피터 그린이 지적한 것처럼, 교사 부족(공급 차원의 문제) 문제는 교단을 채울 인적 자원이 충분하지 않다는 전제에 근거한다.[5] 그러나 우리는 자격을 갖춘 충분한 인적 자원을 보유하고 있다. 현 교육 체제의 위기는 교사 공급 문제가 아니다. 교사들의 대규모 이탈과 낮은 효능감은 현 교육 체제하의 비효율적인 교직 구성과 운영의 결과적 산물일 뿐이다. 이것은 단순한 기능 장애가 아닌 비효율적인 교육직 운영상의 만성적인 특성이다. 요컨대, 우리는 교직 '디자인' 문제에 직면하고 있다는 것을 제대로 인식하는 것이 중요하다.

이 책은 미래 교직을 디자인하고 그에 따른 합당한 권한을 교사에게 부여하는 방법에 관한 것이다. 우리는 비록 이에 대해 모든 것을 확실하게 다 이해하지 못하고, 또 고쳐 나가야 할 부분이 많이 남아 있다는 것을 알지만, 이 책이 적어도 앞으로 나아갈 교육 체제의 개선과 변화의 모습에 대한 본격적인 대화를 촉발하기를 기대한다. Covid-19 팬데믹,

---

5　Greene (2019).

깊은 사회 불평등을 둘러싼 새로운 논쟁들, 공공 영역 전반에 대한 대중의 신뢰 추락은 교육자들의 소진을 초래했다. 사실, 이러한 도전들에 대응하는 것은 그리 쉽지 않다. 칼 포퍼와 이를 이어 데이브 스노우덴과 브렌다 짐머맨은 '시계와 구름 솔루션'에 대해 다음과 같이 주장한다.[6] 우선, 시계 솔루션은 일반적으로 교육에서 가장 먼저 시선이 향하는 곳이다. 우리는 문제를 보고 예측 가능하고, 제어 가능하며 제한된 솔루션, 즉 새로운 프로젝트, 프로그램 또는 활동(예: 새로운 커리큘럼, 최신 기술, 채용 또는 유지 전략)으로 문제를 해결하려 한다. 그런데 문제는 이러한 솔루션이 근본적인 문제의 원인을 해결하는 경우는 좀처럼 드물다는 것이다. 또 이러한 해결책들이 종종 보조금이나 특별 교부금과 같은 예외적인 재원을 기반으로 모색되다 보니 지속 가능성이 없다는 문제도 있다. 한편, 구름 솔루션은 복잡하고 학교와 학교 교육의 구조, 시스템 및 문화를 바꾸는 데 중점을 둔다. 구름 솔루션은 완전히 새롭고 역동적인 모델과 패러다임 전환을 모색한다. 지금은 달라진 학습 환경에서 교육자를 양성하고 배치하는 방식에 있어 보다 근본적이고 공정한 변화를 모색할 필요가 있다. 구름 솔루션이 필요한 까닭은 그것이 그 자체로 참신함과 변화를 형상화하기 때문만이라기보다는 교육자와 학습자 모두에게 보다 우수하고, 공정하며, 지속 가능한 학습 환경을 구축할 수 있다는 장점 때문이다.

---

6 Ricigliano (2021).

미래 교직 디자인(Next Education Workforce: NEW)에 대해 발표하기 위해 여러 나라를 방문하면서 얼마나 많은 사람들이 교육 인력을 유지하는 데 어려움을 겪고 있는지에 대해 놀라움을 느꼈습니다. 상황은 다르지만 근본적인 우려는 여전합니다.

교사라는 직업은 할 일이 많아 벅차거나 유연하지 않으며 고립되어 있습니다. 일부 국가에서는 급여가 문제가 되기도 하지만, 많은 사람에게는 근무 환경이 장벽이 되는 경우가 많습니다.

이러한 교사들의 근무 환경을 바꾸기 위해 대부분의 교육시스템의 근본적인 시스템과 구조를 살펴봅니다. 우선, 1교사-1학급 구조를 바꾸면 교육시스템의 많은 부분을 변화시킬 수 있는 잠재력을 지니고 있으며, 교육시스템의 변화가 시작될 수 있을 것입니다. 기존의 1교사-1학급 모델은 우리가 교육의 일반적인 사례로 알고 있지만, 이를 통해서는 변화가 불가능합니다. 미국의 상황에서 미래 교직 디자인 기반의 팀 티칭 모델이 적용되면서 나타난 교육에서의 변화를 다음 표와 같이 살펴볼 수 있습니다.

교직 디자인의 변화

	전통적인 1교사-1학급 모델	미래 교직 디자인 (Next Education Workforce)기반 팀티칭 모델
1학급 교육자 수	1	2-6+
교육자의 요구되는 전문성	모든 일에 능숙	적은 범위의 것을 더욱 깊이 있게 전문성을 갖춤
학생과 교사의 비율	25:1	하루 중 변동 가능
교육자 간의 협업	수업 외 시간; 독립	수업 외 및 수업 중; 상호 의존적
기타 교육자	시간강사, 외부 강사	통합학급 특수교사, 전문 보조교사, 지역사회 교육자
역할/일정	교사 또는 기간제교사 180일, 하루 종일	다양한 역할 유연한 일정
교실 상황	격리됨	실시간 협업*

교수학습환경의 변화

	전통적인 1교사-1학급 모델	미래 교직 디자인 (Next Education Workforce)기반 팀티칭 모델
지침	교사 중심; 사일로화된, 나/우리/너의 차별화	학습자 중심; 학제 간, 프로젝트 기반의 다양한 교육 기능
학습 진도 판단	학생이 앉아 있는 시간	성취 기준 달성 여부
학생 성과	좁은 범위의 학술에 대한 부분으로 판단	넓은 범위의 학문 전체를 기반으로 총괄적인 판단
학습 공간	교사 "나만의" 교실: 유연하지 못하고, 중복되고, 활용도가 낮음	학생과 교사 및 모든 교사 "우리"의 학습 공간: 유연하고 효율적이며 선택의 폭이 넓음*
시간표	고정적이며, 짧은 단위로 구성됨 학교 종소리로 기준	교사 주도의 유연하며 긴 학습단위로 구성됨

교육자가 학교에 참여하고 전문성을 향상시키기 위한 변화

	전통적인 1교사-1학급 모델	미래 교직 디자인 (Next Education Workforce)기반 팀티칭 모델
유연성	학생 및 교사 모두 주 4일 근무	교사는 주 4일 근무, 학습자는 주 5일 근무
근무 희망	선호하지는 않음	신규 교사들이 오고 싶어 하는 곳*
학습 참여	수업 참여 문제가 있음	학습자가 오고 싶어 하는 학교
레지던트 및 인턴 채용	지속하기 어려움	적절한 규모의 책임과 함께 지속 가능성을 위해 팀에 구축된 레지던시
커뮤니티 학교	물리적인 협력만 이루어짐	모든 교육자의 전략적 통합
기술	교육자의 편의 수준에 따라 다름	"팀원"으로서의 전략적 통합
교사 연수	모든 강의, 학생 교육, 생존 가이드 수강	통합된 업무/임상 경험, 유연한 경로, 접근성
참여 유도	생존을 위한 참여 요구	적절한 규모의 책임과 지원을 제공하는 팀에 대한 통합
교사의 협력	낮은 수준의 상호 작용	탐 내에서 더 높은 수준의 상호 작용

교육자로의 임용

	전통적인 1교사-1학급 모델	미래 교직 디자인 (Next Education Workforce)기반 팀티칭 모델
유연성	하나의 경로	다양한 경로
요구되는 현장 경험	학생 교육 경험	경력 및 업무의 다양성
갖춰야 하는 자격/전문성	없거나 요구되더라도 특수 교육 또는 외국어교육 정도	교육 분야를 포함하여 다른 직업적 영역에서의 전문성
받을 수 있는 지원	관리자/멘토로부터의 지원	지속적이고 전문화된 코칭 지원
수업의 형태	대면 수업만 요구됨	대면 수업과 다양한 형태의 수업방식이 요구됨

수업의 대상	개별 강의실	전문 지식이 분산된 팀에서 작업하기
교육자가 될 수 있는 기회	모든 사람이 교육자가 될 수 있는 것은 아님	새로운 역할/새로운 전문성/ 새로운 종류의 전문 학습/ 커뮤니티 교육자*

한국의 상황에서도 이와 같은 많은 변화가 가능할 것으로 예상합니다. 강력하고 실행 가능한 교직 디자인과 교육자와 학습자를 끌어들이는 학습 환경을 원한다면 기존의 1교사-1학급 모델을 개선해야 하는 필요성은 매우 분명하다고 생각합니다. 교육시스템은 경제 성장 및 민주주의와 상관관계를 갖고 있으며, 따라서 중요한 역할과 교육 기회의 형평성이 요구됩니다.

2024. 2.

애리조나주립대학교 메리 루 풀턴 교육대학 학장

캐럴 G. 베이즐

| 감사의 글 |

우리는 애리조나주립대학교(Arizona State University)의 메리 루 풀턴 교육대학(Mary Lou Fulton Teachers College)의 동료들, 특히 Paul Gediman과 미래 교직 디자인 팀(Korbi Adams, Mary Brown, Natalie Nailor, Chelsea Nilsson, Kimberly Wright, Lisa Wyatt)에게 감사를 표합니다. 또한 이 책 전체에서 볼 수 있는 많은 구체적인 예를 공동으로 구축할 수 있었던 행운을 함께 했던 일선 학교 현장의 동료들에게도 감사를 드립니다. 우리에게 지적 자극과 피드백을 제공한 수많은 동료, 친구 및 가족에게 감사드립니다.

| 목차 |

교직은 다양한 직업인력으로 구성되어 있다. 이는 학교와 학습자 공동
체의 핵심이다. 교직의 다양한 인력들은 관계를 구축하고 모든 학생들
의 개별적인 필요를 이해하고 조치하는 일을 담당하는 사람들이다. 이
들 교육자들은 모든 학습자들의 어려움을 해소하고 학업 성취도를 향
상시키는 방법을 알고 있을 것으로 기대된다. 그런데 전문적 필드에서
볼 때 교육 분야는 지난 30여 년간 불행하게도 사회로부터 교사와 학교
경영자들의 능력과 자질, 그리고 그들의 능력과 자질이 학습자들에게
미치는 효과 측면에 대해 우려의 시선을 받아온 것이 사실이다. 그간 교
사들과 교육행정가들은 알아야 하고 할 수 있어야만 하는 것들에 대해
그저 매우 상세한 규정과 지침을 따르는 데만 급급해 온 측면이 있다.

　부모들은 자녀들이 교사로서 갖춰야 할 모든 자질과 역량을 잘 갖춘
교사들과 공부하기를 원한다. 그리고 그 목록에 끊임없이 새로운 항목
들을 추가하고 싶어 한다. 그러나 교사교육자로서 우리는 한 교사가 이
렇게 끊임없이 추가되는 모든 일을 과연 제대로 다 잘 수행할 수 있을
만한 능력을 획득할 수 있을지에 대해 심각한 우려를 품는다. 한 명의

교사가 '모든 학생'에게 '모든 것'이 되기를 강요하는 현재의 제도적 현실과 교사의 업무 환경은 결국 교사와 학생 모두를 실패로 몰아넣을 수밖에 없다. 이제는 교직 직업인력을 전면적으로 새롭게 디자인할 때다. 과거에는 교직 인력 개선이 주로 교사의 교육적 지식과 기술(예: 보다 더 전문적인 학습)을 높이거나 학생들이 배워야 하는 내용의 수준(예: 비판적 사고 및 문제 해결)을 높이는 것 위주로 이루어졌다. 때로는 두 가지 모두를 동시에 추구하였다. 하지만 정작 일선 학교 현장에서 학생과 교육자가 실제로 경험하는 역할이나 학습에서 중심적 역할을 차지하는 교사, 학생, 그리고 교육지원 직원들 사이의 관계에 대한 근본적인 재고와 개선을 위한 노력은 좀처럼 기울이지 않았다. 우리가 누구를 교육자로 보는지, 그들이 어떤 방식으로 함께 일하는지, 또 이들 사이의 공동의 또는 개별적 책임이 어떻게 정의되어야 하는지 이제 전면적으로 재검토할 필요가 있다.

만성적인 교사 부족, 교육자의 다양성, 전문성 신장의 부족 등의 문제를 단지 임용(또는 채용)이나 파이프라인(pipe line)에 대해 문제가 아니라 오히려 교직 디자인의 문제로 접근하면 어떨까? 미래 교직 디자인 관점은 1) 분산된 전문성을 가진 교육자 팀을 구성하여 모든 학생에게 더 깊고 개별화된 학습 경험을 제공하고, 2) 교사들에게 직업에 진입하고, 재직 중에 전문적으로 성장하고 발전할 수 있는 더 효과적인 대안을 모색함으로써 교육자들에게 더 많은 권한을 부여할 수 있다.

'미래 교직 디자인'이라는 문구는 단순히 학교에 근무하는 직원을 지칭하는 것 이상을 의미한다. 이것은 교육자의 역할을 설계하고, 배치하며, 교육에서 인적 자본을 개발하려는 방법상의 근본적인 변화를 의미하는 것이다. 이는 교육자와 학생들이 더 좋은 학업 성취를 얻을 수 있도록 더 나은 교직 인적자원 시스템을 새롭게 설계하기 위한 시도라고 할 수 있다.

이 책에서는 미래 교직 디자인 전략을 효과적으로 탐색하기 위한 내용을 크게 두 부분으로 나누어 살펴본다. 우선, 현재 기존 교육의 10가지 "노멀(normal)"을 검토해 보면서 논의를 위한 펼칠 것이다. 1장에서는 이러한 10가지의 노멀이 현재의 달라진 교육적 상황과 특히 현재의 교육 불평등이 만연한 상황을 고려했을 때, 21세기 미래 교육에서는 더 이상 통용되지 못할 결함이 많은 시대착오적인 가정들에 근거하고 있다는 것을 밝힌다.

1부에서는 미래 교직 디자인의 핵심 요소에 대해 다룬다. 이어지는 2장에서는 분산된 전문성을 지니는 팀이라는 개념에 대해 살펴본다. 구체적으로, 누가 이 팀에 소속하고, 어떻게 구성되며, 또 전문지식을 함께 어떻게 공유하는지 살펴볼 것이다. 3장에서는 더 깊고 개별화된 학습에 대해 살펴본다. 학생 중심 학습은 오래전부터 교육계의 열망이었지만, 이 장에서는 효과적인 테크놀로지를 활용한 팀 기반 접근을 통해 1교사-1학급 체제가 달성할 수 있는 것보다 더 폭넓고 의미 있는 학습 성과를 얻으려는 방법에 대해 살펴볼 것이다.

4장에서는 미래 교직 인력 모델 하에서 교육자가 교직에 진입하여, 전문성을 신장하고 발전시킬 수 있는 더 나은 경로와 전략에 대해 살펴본다. 이 새로운 경로에는 지역사회 교육자를 팀으로 구성하는 것에서부터 고교생과 교육지원 직원들에게 새로운 공식 자격증을 부여하는 경로까지 다양하다. 우리는 전문화(professionalization)라는 개념을 모든 교육자가 학교에 장기적으로 근속할 수 있도록 전문성을 분산하고 새로운 승진 경로를 창조하는 수단으로 본다.

5장에서는 현재의 1교사-1학급 모델이 실제로 학생과 교육자 모두에게 불평등을 초래한다는 것을 주장한다. 우리는 교직을 새롭게 디자인함으로써 직, 간접적으로 불평등을 조장하는 체제와 구조를 해체할 수 있다고 믿는다. 1부는 초등학교, 고등학교 및 시골 지역 통합학교에서 미래 교직 디자인 모델이 실제로 어떻게 작동하는지 집중적으로 조명하는 6장으로 1부는 마무리된다.

2부에서는 미래 교직 디자인에 착수하고 이를 활성화하는 가장 중요한 세 가지 요소에 대해 살펴본다. 7장에서는 교육청 및 학교 수준에서의 리더십을 살펴보고, 8장에서는 미래 교직 디자인이 성공하는 데 있어 교원 양성 및 지속적인 현직 연수의 중요성과 역할에 대해 살펴본다. 9장에서는 이와 같은 미래 교직 디자인 접근이 학교 체제가 직면한 만성적인 문제들을 해결하는 데 왜 필수적인 솔루션이 되는지 살펴본다.

10장에서는 이와 같은 미래 교직 디자인이 다음 세대가 구현하도록 남겨둬야 할 야심에 찬 먼 미래의 프로젝트가 아니라 이미 다수의 교육자가 몸소 실천하고 있기도 한 현재진행형의 시급한 작업이라는 것을 강조한다. 교육자들은 본인들의 학교 현장에서 이미 미래 교직 디자인 작업 실행을 감행했다. 이에 우리는 교육행정가, 정책입안자, 교육자들이 미래 교직 디자인 작업 실행에 대해 머뭇거리거나 미룰 것이 아니라 당장 참여할 것을 촉구해야 한다는 결론을 제시한다.

우리는 이러한 아이디어가 전혀 새로운 것이 아니라는 것을 잘 알고 있다. 많은 학자, 개혁가 등 많은 이들이 팀 기반 모델, 선택적/차별화된 인사 정책, 교사 협업, 분산적 리더십과 심층 학습을 예전부터 제안했다. 하지만 대부분 이러한 전략들이 실제로 학교에서 적용할 만큼 충분한 힘을 얻지 못했다.

이제는 이러한 프로그램이나 프로젝트를 선별적, 간헐적으로 적용하기보다 근본적인 시스템 및 구조적 접근을 모색해야 비로소 지속 가능하고 의미 있는 교육적 결과와 경험 체계를 견인할 수 있다는 인식하에 이 전략들을 다시 실천해 볼 때다. 그것은 바로 미래 교육 인력을 디자인하고 구축하는 것이다.

1장 교육의 노멀과 뉴 노멀

시간과 장소를 불문하고 학교는 학교처럼 보인다. 학생들은 교실에 앉아 있다. 각 교실에는 한 명의 교사가 있다. 교사는 가르쳐야 할 모든 교과 내용을 알고, 교실에 있는 학생 모두를 위해 모든 것을 혼자 스스로 담당한다. 학교에는 표준 교육과정, 책무성 평가 지표, 그리고 학생과 교사, 학교를 평가하기 위한 과정들이 있다. 우리는 이 모든 것들에 친숙하다. 독자의 나이와 무관하게도 아마 독자들이 다닌 학교의 모습과도 비슷할 것이다. 그래서 우리는 이를 노멀(normal)이라고 부른다. 이러한 학교를 둘러싼 일관성은 불확실한 세상에서 어쩌면 안정감과 편안함을 줄 수 있다. 하지만 이런 방식에는 문제가 있다.

미래 교직 디자인에 대해서 탐색하기 위해 우리는 우선 전형적이고 일상적인 학교의 인적 자원 구성 및 조직 특성에 대해 들여다보는 것부터 착수하였다. 이와 같은 측면 하나하나는 언뜻 보면 각각 다 이해가 될 것 같기도 하다. 어쨌든 이것들은 우리가 수십 년 동안 해 온 방식이기도 하다. 그러나 두 번, 세 번 다시 들여다보면 고개를 갸우뚱하며 도

대체 왜 이런 식으로 일하고 있는지 의구심에 빠지게 된다. 교육자들은 종종 다른 분야의 전문가라면 좀처럼 수긍하지 않을 '노멀'한 환경하에서 배우고 업무를 수행한다. 교사와 학습자들은 이러한 노멀에 의해 상당한 정도로 부정적인 영향을 받는다고 할 수 있다.

노멀 1: 1교사-1학급 모델

오늘날 초등학교 교원을 양성하고 배치하는 지배적인 모델은 1교사-1학급 모델이다. 학부모들은 매년 자녀의 담임 교사가 누구인지를 알려주는 이메일을 학교로부터 받는다. 일반적으로 교사에 대한 정보는 이웃이나 친구(또는 자녀의 형제)로부터 수집한 정보로부터 획득된다. 학부모들은 아래와 같은 반응을 보인다.

> "오, 그 선생님이라면 모두가 훌륭하다고 하더라고요!"
> "음, 그 선생님은 아무도 모르는 새로 오신 선생님이라고 하던데요."
> "저런, 그 선생님은 누구도 담임이 되기를 원하지 않는 선생님이라고 하던데요."

새 선생님이 당신의 자녀에게 적합한지에 대해 실제로 확인할 방법은 거의 없다. 또, 더 현실적이지만 미묘한 문제는 그 교사가 아무리 훌륭하다고 하더라도 그 교사는 여전히 한 명일 뿐이고, 학급의 다른 20여 명의 학생은 말할 것도 없고 각각의 학생이 필요로 하는 모든 것을 다 감당할 수 있는 최적의 선생님일 가능성은 매우 낮다는 점이다. 1교사-1학급 모델이 유지되는 한, 학생과 어울림(fit)이 좋은 교사가 아닐 경우, 그 선생님과 보내야만 하는 한 해가 학생의 미래에 엄청난 차이를 만들어 낼 수 있다. 특히나 학교 수업 외에 과외 등을 통해 부족한 부분을 채우거나 보완할 만한 재정적 여유가 없는 어려운 가정에 있는 아이들의 경우엔 더욱 그러하다고 하겠다.

학교의 근본적인 구조라고 할 수 있는 현행 1교사-1학급 모델은 이 모델만이 유일하고, 지극히 당연한 것으로 믿게끔 교육자들의 사고를 틀에 맞춰버려 학생들에게는 더 공평한 학습 환경을 제공하고, 교사들에게는 더욱 만족스러운 근무 여건을 제공할 수도 있는 대안을 모색할 기회를 원천적으로 박탈하도록 강요한다는 데 문제가 있다.

노멀 2: 대체 교사(기간제 교사)

1교사-1학급 모델은 모든 학습자의 요구에 제대로 대응하지 못할 뿐만 아니라, 310만 명의 학생들이 공부하는 미국 교실의 일상에 위기를 초래할 수 있는 최적의 조건을 만들 수 있다. 교사가 조퇴하거나, 하루 또는 한 주 결근하는 경우, 또는 병가나 휴가를 낼 경우, 학교는 당장 해당 학급을 맡아줄 교사를 찾아야 한다. 흔하고 일반적인 해결책은 대체 교사를 고용하는 것이다.

질병, 가정의 긴급한 문제, 의무적인 자격 연수, 그리고 감염병에 이르기까지 학교생활을 하다 보면 이와 같은 여러 가지 일들은 생겨나기 마련이다. 평균적으로 미국의 경우, 교사들은 이와 같은 이유로 한 학년도 중에 약 11일 정도 결근한다고 한다. 이는 학년도 전체 대비 5%~6%

라고 할 수 있다. 이 기간을 채우는 것은 주로 대체 교사의 몫이다.[7] 바람직한 상황이라면, 담임 교사는 자신의 결근을 사전에 예비하고, 이미 잘 알고 있는(같은 학교에서 근무하다 은퇴한 옛 동료교사) 대체 교사와 미리 협의하여 본인 부재 시 세부적인 수업 계획을 준비하고, 학생들로 하여금 자기 주도적인 학습을 할 수 있도록 학습 습관을 길러줄 수 있다. 하지만 대체로 이렇지 못할 때가 더욱 흔하다.

일반적으로 학교에서는 대체 교사를 구하기 어려워 기껏해야 채워야 할 보결 시간 대비 80%만을 채우고[8], 대체 교사들은 많은 경우 전문적인 교육 경험이 없거나 고작 4시간 미만의 사전교육을 받았을 뿐이다. 비록 대체 교사가 경험도 있고 훈련받은 교사라고 해도 학생들은 종종 평소만큼 제대로 학습하지 못하고, 교실 내 안전사고도 더 빈번하게 발생하곤 한다. "대체 교사 카툰"을 구글 같은 검색 엔진에 입력하면 대체 교사와 교실의 민낯을 잘 그려낸 만화를 어렵지 않게 발견할 수 있다. 그럼에도 불구하고 교사가 결근했을 때 대체 교사에 의지할 수밖에 없는 것은 여전히 학교가 가장 일상적으로 선택하는 현실적인 옵션이기 때문이다.

노멀 3: 고정된 틀에 갇힌 위젯(widget) 학습자

아무도 같은 속도와 같은 방법으로 배우지 않는다. 이것은 교육 분야에 널리 알려진 사실이다. 따라서 교사들은 학생들에게 개별화된 교육, 차별화된 학습 경험, 그리고 다양한 수준의 지원을 제공할 필요가 있다.

---

7   Northern (2020).

8   Vialet & von Moos (2020).

그러나 대부분의 교육시스템은 모든 학습자가 동일하다는 기본 가정하에 구축되고, 이러한 가정에 근거한 협소하게 규정된 기준에 따라 학습자의 학습 진도를 측정한다. 나이에 따라 학년이 매겨지고 표준화된 교육 체제하에서는 모든 학생은 한 학년이 끝날 때까지 다른 학생과 똑같은 지식과 기능을 획득할 것으로 여겨진다. 더 중요한 질문은 "현 교육 체제하에서 한 명의 교사가 다양한 학생들로 가득 찬 교실에서 개별 학생 모두에게 개별화되고 차별화된 복잡한 학습 경험을 관리하고 제공해야 한다고 요구하는 것이 과연 합당한 것인가?"이다.

단적으로 말해서 한 개인 교사에게 이런 요구를 하는 것은 합리적이지 못하다. 물론 몇몇 교사는 학생 모두의 요구를 충족하기 위해 초인적인 노력을 기울일 수 있고, 또 그것이 어쩌면 가능할 수 있다고 생각할 수 있다. 하지만 다른 대다수의 교사들은 그저 평균에 맞춰 가르치고, 학년 진도표에서 자신의 학급이 수준과 좌표가 어디쯤인지에 주의를 기울이기 마련이다. 그러므로 이러한 방식은 학습자와 교사 모두 만족시킬 수 없다. 현 1교사-1학급 모델 체제하에서는 모든 학생이 같은 교실의 다른 학생들과 같은 활동과 주제, 또는 콘텐츠를 학습할 것을 기대한다. 즉, 위젯 학습자가 주어진 교육과정을 고정된 방식 그대로 따라갈 것을 기대한다.

이러한 위젯 학습자에 대한 기대는 교사와 학생 모두의 자율성을 제한한다. 교사는 각각 다양한 요구를 가진 너무 많은 수의 학생과 함께 수업해야 하므로 자신의 전문성을 활용하여 학습자에게 적절한 학습 경험을 적시에 제공하는 데 한계에 부딪힐 수밖에 없다. 학생들은 각자의 학습 속도와 요구가 각각 모두 달라서, 흥미가 유발되기 어렵고, 자신만의 강점을 활용하기도 어려우며, 학생 개개인의 잠재력을 충분히 발휘하는 것마저 매우 제한적이다.

노멀 4: 교육이 측정하는 것

일반적으로 사람들이 생각하는 학교 교육의 목적과 학교 현장에서 측정하는 목적 사이에는 불일치가 존재한다. 학부모, 교육자, 그리고 지역사회 구성원들에게 학교 교육의 목적이 무엇이라고 생각하는지 물어보면 다음과 같은 다양한 대답을 들을 수 있다. "대학과 직업 세계에 대비하기 위해", "민주주의 사회에 긍정적으로 기여하는 시민이 되기 위해", "학습 방법을 배우기 위해", "더 폭넓은 삶의 선택을 위해" 등등 다양한 대답이 나올 것이다. 고려하고 측정할 만한 가치가 있는 광범위한 학생 성과는 많이 있는 것처럼 학습의 결과로 고려할 수 있고 측정할 만한 가치가 있는 것은 광범위하다고 할 수 있다. 요점은 지난 수십 년간 교육 체제가 제한적 방법으로 측정해 오던 관행에서 탈피하여, 사람들이 생각하는 학교 교육의 목적에 더욱 부합하도록 교육에서의 측정, 평가 지표의 범위를 확장할 필요가 있다는 것이다.

노멀 5: 위젯 교사

한 사회는 모든 교실에 우수한 교사를 배치하기를 원하지만, 가르치는 일은 생각보다 복잡하다 보니 이는 그리 쉬운 문제가 아니다. 현재의 1교사-1학급 모델 하에서는 초등교사는 일반적으로 전 과목의 모든 수업을 계획하고, 교육과정과 성취도 및 수업 진도를 준수해야 하며, 수업과 평가를 담당해야 하고, 학습 진도를 맞추고, 또 자신의 전문성 신장을 위해 지속적으로 노력하는 등 모든 것을 혼자 다 감당하게 되어 있다.

최근 사이버 괴롭힘 예방책에서 트라우마에 대한 민감한 감수성 훈련 수업, 비대면 온라인 수업을 하는 데 흥미를 유발하도록 설계하고 운영하는 것에 이르기까지 교사에게 요구되는 과업의 목록은 끊임없이 늘어나고 있다. 많은 이들은 개별 교사의 역량과 효율성이 모두 동일하다고 가정할 때 초래되는 위젯 효과의 난관에 대해 지적했다.[9] 그런데 교육 체제는 이를 정상적인 것으로 간주하고 있다. 하지만 지속적으로 증가되고 있는 책임과 과업을 교사들이 과연 효과적으로 수행하는 것이 어떻게 가능할 수 있는가? 그렇지 못하다.

노멀 6: 교육전문가로서의 학교 경영자

1970년대 이후 교육 리더십 프로그램의 초점은 주로 수업 개선에 맞춰져 왔다. 또 교육 리더십은 주로 교장에게 집중되어 왔다. 전통적으로 헌신적인 교장은 교육과정과 수업 설계와 실행에 직접 관여하고 교사와 협력한다. 사실, 교장 자신들이 대부분 과거에 학급 담임이거나 교사였기 때문에 학생과 학습에 대한 그들의 신념은 대부분 1교사-1학급 모델 하에서 일했던 자기 경험에 영향을 받는다.

과거의 신념 외에, 학교에서 교장은 모든 교사의 감독자이자 리더 역할을 수행한다. 교장은 교사의 개별적인 전문성 성장을 지원할 뿐만 아니라 교육과 학습 전반에 대한 최신 정보를 획득할 필요가 있다. 또한

---

9   Weisberg et al. (2009).

학교의 비전을 설정하고, 긍정적인 학교 문화와 학습 분위기를 조성하며, 학교 구성원 및 지역사회와도 협력해야 하는 책임이 있다. 그런데 현행의 학교 조직 구조와 관행은 리더들이 효과적으로 학교 경영을 하도록 잘 지원하는 데 한계를 많이 지닌다. 이러한 사정이다 보니 학교 리더십을 발휘한다는 것은 만성적으로 어려운 일일 수밖에 없다.

노멀 7: 틀에 박힌 교사 양성 및 교사 연수

교사 양성교육의 현실은 현재 진퇴양난과도 같은 상황이다. 교사 양성기관에서는 예비 교사들을 새로운 양성 모델과 체제를 통해 배출하려고 해도, 그들이 졸업해서 실제 근무하게 될 환경이 1교사-1학급 모델이다 보니 기존 체제에 계속 얽매이게 될 수밖에 없다. 현행 교사 양성 과정은 교과 내용, 교육 방법, 임상경험이 기본적으로 모두 같고, 누구나 다 동일하게 수행할 수 있다는 기본 가정에 기반을 둔 '위젯 교사'를 배출하는 것에 유인가가 주어지는 구조다. 이는 "무한한 가능성을 가진 교사 양성"이라고 간주된다.

이와 마찬가지로, 1교사-1학급 모델에 기반을 둔 학교 체제하에서는 모든 교사가 동일한 교사 연수를 이수하도록 요구하는 경우가 많다. 학생 맞춤형 학습을 추구하는 학교가 늘어나고 있는 이 시대에 교사 양성과 연수도 개인 맞춤형으로 바뀌어야 하지 않을까? 1교사-1학급 모델은 학교 내 협업과 지속적인 전문성 신장을 효과적으로 지원할 수 있는 인프라를 제공하지 못하여, 결과적으로 교사들은 융통성 없고 고립된 상황에 부닥치게 된다. 교사 양성과 교사 연수에 대한 이와 같은 획일적인 접근 방식은 창의적인 시도보다 규정과 매뉴얼만을 그대로 따르기를 우선하는 기존의 관료적 교육시스템을 고스란히 반영하는 것이다. 이러한 접근은 학습자뿐만이 아니라 교사 교육에 있어서도 형편없는 방법이다.

노멀 8: 나 홀로 1년차 초임 교사

가르치는 일이 복잡하고 어렵다는 것을 고려한다면 학교에서 초임 교사를 혼자 교실에 배치한다는 것은 정말 놀라운 일이다. 하지만 그리 놀랄 필요는 없다. 다들 그렇게 하고 있기 때문이다. 초임 교사를 학급에 혼자 배치할 뿐만 아니라, 이들에게 심지어 교직 경력 수십 년 차인 베테랑 교사들처럼 생활지도를 하고 학업 성취도도 문제없이 달성할 것을 기대한다. 물론 초임 교사에게 멘토링을 제공하기도 하지만 이 멘토링의 질은 천차만별이다. 대체로 교사는 5년차가 되어야 효능감이 본 궤도에 오른다고들 하는데,[10] 공교롭게도 이 시기는 신규 교사의 거의 절반(44%)이 교직에서 이직하는 시기이기도 하다.[11]

신규 교사를 위한 책들, 연수 프로그램들의 초반은 종종 극적인 장면들로 시작하곤 하는데, 그것들은 주로 교직 생활 첫해에 겪게 되는 학급에서 일어나는 '버라이어티'한 사건들의 롤러코스터를 보여준다. 초임 교사는 학년 초부터 학년말까지 내내 마치 롤러코스터를 타는 것과 같은 경험을 한다. 교사는 기대감, 생존, 환멸, 활력, 반성, 그리고 다시 기대감 등과 같은 일련의 감정을 겪는다.

많은 초임 교사가 이 과정을 겪으며 활력을 되찾아 생존할 수 있으리

10　Kane et al. (2008).
11　Ingersoll et al. (2018).

라고 믿고 싶지만, 그렇지 못한 경우가 더 많다. 어쨌든, 다시 3월이 되면 많은 초임 교사들은 자신의 차에서 홀로 환멸에 빠진 채 울고 있는 이 현실을 과연 정상적이라고 할 수 있는 것인가? 교직 첫해의 주제는 왜 '생존'에 대한 것이어야 하는가? 왜 초임 교사들의 교직 생활은 '가라앉거나 헤엄치기(sink or swim)'로 묘사되어야만 하는가? 도대체 어떻게 초임 교사만 오롯이 교실에 배치하면서 베테랑 교사와 똑같은 성과를 내기를 기대하는 것이 너무나 당연하고 일반적인 것으로 여겨지게 된 것인가?

노멀 9: '학습' 시스템이 아니라 '학교' 시스템을 유지하는 교원 인사 체제

현행의 교원 인사 시스템(채용, 급여, 평가, 고용계약 등)은 학습 시스템과 단절되어 있다. 그래서 학교에서 학생에게 꼭 필요한 좋은 교사를 채용하고, 근속하도록 행정적으로 잘 지원하고 있는지를 제대로 확인할 길이 없다. 교장은 통상 교사 채용 시에 학습자의 요구를 잘 충족시킬 수 있는 전문성을 갖춘 잠재적 후보자인지를 파악할 수 있는 서류들을 받는 대신 일반적인 자격 기준(예: 초등교사 자격증) 충족 여부만을 확인하는 지원자 서류 더미에서 우수교사 적격 여부를 선별해서 결정해야 한다.

현재의 교원 평가 시스템은 초등학교의 경우 보조교사, 중, 고등학교의 경우에 다른 과목 교사들이 한 학생에게 집합적으로 영향을 주었을 가능성을 고려하거나 인정하지 않은 채 오로지 학생의 학업 성취도 평가라는 수치에만 기반하여 교사 개인 성과급을 제공한다. 이는 기존의 1교사-1학급 모델을 영속화한다. 현행 교원 인사 체제 내의 연수나 승진 제도도 교사 자신이 필요로 하는 전문적 성장을 지원하거나 정말 잘 가르치는 교사가 더 잘 가르칠 수 있는 방향으로 작동하는 것과는 거리가 멀게 설계된 경우가 많다.

노멀 10: 다양한 성인 학습 자원의 활성화 제한

우리 사회는 오랫동안 학생들에게는 단 한 명의 좋은 교사, 단 한 명의 좋은 멘토만 있으면 된다는 신화를 고수해 왔다. 사실, 대부분의 성공한 학습자들은 이와 달리 인생에서 여러 명의 성인으로부터, 그들의 도움이 꼭 필요했던 바로 그때 필요한 도움을 받았다. 학교에는 상담사, 특수교사, 독서지도사. 다문화교사, 치료사 등 다양한 전문가들이 교사들과 함께 일하고 있다. 그러나 현행 학교 체제에서 이 전문가들은 이미 모두 많은 학생 사례를 담당하고 있기도 하며, 또 학생에 대한 지원도 일반적으로 적극적 '밀고 들어가기 지원(push-in)' 방식이 아니라 소극적인 '따로 빼내기(pull-out)' 방식의 지원이라는 것을 생각해야 한다. 이러한 접근 방식은 학생에게 꼭 필요한 기본적인 지원을 해 주는 것이 아니라, 자칫 특정 학습 요구를 가진 학습자를 낙인찍고 해당 학습자를 "정상"의 범주에서 배제하는 방식이 될 수 있다.

또한 학교는 지금까지 지역사회가 가진 방대한 자원을 발굴, 인식하고 이를 계획적으로 활용하여 학생의 학습 성취를 제고하려는 노력에도 미흡했다. 학교 체제는 지역사회의 자원 인사들이 학교에서 자원봉사를 하거나 활동을 하는 데 여러 가지 이유와 조건 등을 들어 그들의 진입과 참여를 제한해 왔다. 이유인즉슨 이런 지역사회 자원들은 정규 교원(교사)의 감독 없이 학교에서 학생들을 교육해서는 안 된다는 것이다.

그러나, 수업을 마치는 마지막 벨이 울리면 학생들은 개인 음악 레슨을 받거나, 가정 내 청소년 단체 모임을 하거나, 지역사회 청소년 축구 코칭을 받는 등 학교에서와는 전혀 다르게 다양한 활동에 참여한다. 지역사회에서는 이러한 활동들에 대한 진입이나 참여가 학교에 비해 훨씬 유연하고, 포용적이다. 학생들은 방과 후에 멘토링을 받는 등 다양한 형태의 지원을 다양한 성인들로부터 얻고 있다. 유능하고 사려 깊은 지역사회의 성인들이 학교에서 이루어지는 학습활동에 공식적으로 기여할 수 있는 것을 막는 장벽을 학교가 더 낮춘다면 어떻게 될까?

맥락의 중요성

현행의 1교사-1학급 중심의 교직 디자인은 각 학교가 처해 있는 맥락이 중요하기 때문에 한 가지 모델이 아니라 다양한 형태의 복수 모델로 설정할 필요가 있다. 이 프로젝트는 학교, 지역사회에 따라 각각 다른 모습으로 추진될 수 있다. 교육 인력을 특정 전문지식과 기술에 따라 어떻게 구성할 것인가는 대상 학습자 집단의 특성, 교육과정 요구 조건 등을 충족하는 방식으로 신중하고 유연하게 결정되어야 한다. 이 일을 하는 데 있어서 사전에 결정된 엄격한 타임라인에 따라 성급하게 추진하는 것은 바람직하지 않다. 오히려 학부모, 교육자, 학교 경영자 등 모든 이해관계자 간의 신뢰가 구축되는 속도에 맞춰 진행되어야 한다.

하지만 그렇다고 마냥 기다릴 수 있는 상황이라고는 할 수 없다. 사회에서는 점점 학교 체제와 교육자들에게 점점 더 감당하기 어려운 요구들을 강요하고 있다. 이제 교사, 학습자에게 똑같이 좋은 해결책이 필요하다. 2020년에 미국의 대통령 직속 교육위원회(Education Council)는 다음과 같이 주장하였다.

> "우리에게는 더 이상 낭비할 시간이 없습니다. 지금은 모든 주체들, 특히 정책입안자와 교육계 종사자 모두가 함께 일하고 학습하는 새로운 방식에 대해 열린 태도를 가져야 할 때입니다. 한 아이를 교육하려면 팀이 필요합니다. 학습 팀과 학습 시스템을 구축함으로써 우리는 우리가 가진 인적, 사회적 자본을 극대화하여 보다 나은 학습 세대를 창조할 수 있습니다.[12]"

수십 년에 걸친 학교 개혁에도 불구하고 교육 체제나 학교 구조는 거의 변하지 않았다. 이는 교사의 업무방식과 역할에서 극명하게 드러난다. 전례 없는 인공지능 테크놀로지가 우리에게 다가오고 있으며, 한 명의 교사가 모든 학습자가 필요로 하는 모든 것을 충족해 주어야 할 것을 강요하는 '1교사-1학급' 모델로는 도저히 빠르게 변화하는 세상에 효과적으로 대응할 수 없고 또 지속 가능하지도 않다.

결론

이 장에서는 학생, 교사, 학교 경영자, 교육정책가들을 대상으로 현행 학교 교육의 소위 '노멀'이라고 할 수 있는 규범적 모델이 어떤 모습인지 살펴보았다. 이 책의 나머지 부분에서는 미래 교직 디자인 모델

---

12 Education Commission (2020).

이 '뉴 노멀'을 구축하는 데 있어 어떻게 도움이 될 수 있는지에 대해 살펴볼 것이다. 미래 교직 디자인 모델은 학습자와 교사가 전통적인 '1교사-1학급 모델'에서 탈피하여, 개인 맞춤형, 발달 단계에 적합한 방식의 학습이 가능하게 해야 할 것이다. 그리고 이는 이제 더 이상 교사, 대체교사, 초임 교사 또는 지역사회 교육자가 교실에서 혼자 일하지 않아도 될 수 있도록 미래 교육 표준을 구축하는 데에 도움이 될 수 있을 것이다.

새로운 모델 하에서 교사가 더 이상 도구처럼 취급되지 않고, 학교 리더가 교육청 차원의 리더가 되도록 요청받고 권한을 부여받으며, 교사 양성은 보다 전문화된 방식을 표방해야 한다. 또, 교사 연수는 꼭 필요한 새로운 역량 습득을 의미하며, 교원 인사 정책은 학습 개선이 중심이 되고, 학습자가 필요할 때 필요한 전문성을 그때그때 제공할 수 있는 여러 명의 전문가와 교사, 교육지원 직원들에게 둘러싸여 학습을 받을 수 있어야 한다. 이런 교육의 '뉴 노멀'을 상상하고 지향한다. 그래서 궁극적으로 미래 교직 디자인의 목표는 교사에게는 더 나은 근무 환경을, 학생에게는 더 나은 학습 환경과, 경험, 그리고 학습 결과를 제공하는 것이다. 수십 년간 이어져 온 학교 교육의 시대착오적이고 구태의연한 '노멀' 즉, 규범적 모델은 이제 더 이상 효과가 없고 제도적 수명을 다했다고 할 수 있다.

1부

Next Education Workforce

미래
교직 디자인의
요소

2장

교원 팀과 분산된 전문성

의료 분야에서는 간호사나 의사 한 명이 모든 것을 다 알 것이라고는 전혀 기대하지 않는다. 로펌에서는 변호사와 사무장 그리고 지원 인력으로 구성된 팀이 함께 법적인 서비스를 연구하고 제공한다. 회계 법인은 다양한 전문성을 가진 팀을 적극적으로 활용한다. 엔지니어, 사회복지 서비스 제공자, 대학 행정가, 경영 분석가, 전문기술자, 요리사 등 거의 모든 분야의 사람들은 팀으로 일하지만, 교사는 좀처럼 팀으로 함께 일하지 않는다.

물론 교사들도 전문적학습공동체, 데이터 팀, 공동수업 팀, 부서별 또는 학년별 팀 등등 이미 팀으로 일하고 있다고 말할 수 있다. 하지만 이러한 팀들은 위에서 말하는 팀과는 거리가 있다. 교사들은 함께 일하고, 함께 계획하고, 함께 데이터를 볼 수는 있지만, 학생들과 직접적으로 일해야 하는 결정적인 시간에는 불가피하게 결국 교실로 돌아가 문을 닫고 혼자 일해야 한다. 교실에 보조교사가 있는 경우는 있다. 때로는 자원봉사자, 동료 교사 또는 전문가가 특정 학생을 돕기 위해 교실에 잠깐

들르기도 한다. 하지만 이러한 관계가 협력과 조정을 통해 진정한 팀워크로 발전되는 경우는 매우 드물다.

모든 학습자에게는 함께 일하는 팀이 필요하다. 더 이상 한 교실에 25~30명의 학생을 배정하고 한 명의 교사가 학급 내 모든 학생의 요구를 다 충족할 수 있기를 기대할 수는 없다. 이제는 학생을 소그룹으로 재구성하고, 그들의 필요를 분석하고, 그들을 중심으로 교육자 팀을 (재)구성해야 할 때이다.

학생 그룹을 중심으로 교육자 팀을 구성하는 아이디어는 새로운 것이 아니다. 교육역사학자인 래리 큐반은 팀 티칭에 대해 "1960년대에 교육계에 잠시 유행했다가 1970년 중반에 사라진" 교육혁신 사례로 설명했다.[13]

1968년 로이드 트럼프와 델마스 밀러는 교육자 팀을,

"두 명 이상의 교사와 보조교사가 각자의 역량을 활용하여 하나 이상의 과목 영역에서 두 명 이상의 기존 학급과 동등한 규모의 초등 또는 중등 학생 그룹을 계획, 지도 및 평가하고, 대그룹 수업, 소그룹 토론 및 독립 학습을 통해 다양한 기술적 보조 도구를 사용하여 교수 학습을 진행하는 방식"으로 정의했다.[14]

이 정의는 이 책의 전반에 걸쳐서, 그리고 미래 교직 디자인의 요소와 이점에 대해 논의할 때도 계속 사용하게 될 정의이다. 과거에 고정되어 있는 전통적인 교육자 팀 개념은 최근 테크놀로지의 발전, 학생중심학

---

[13] Cuban (2018).
[14] Trump & Miller (1968).

습 모델로의 회귀, 단위 학교 직원 배치를 둘러싼 현황과 과제를 고려할 때 전면적으로 재검토해야 할 필요가 있다.

교육자 팀 구성

단위 학교에서 우수한 교육자 팀을 구축하는 데 필요한 대부분의 구성 요소와 구성원이 이미 학교에서 가용상태로 준비되어 있다. 현재 대부분의 교육 체제에는 네 가지 유형의 교직원들이 일하고 있다. 우선, 교육 리더에는 학생의 학업 및 사회, 정서적 성장을 책임지고, 교사의 채용, 배치, 성과 관리 및 전문적 성장을 책임지는 교사 리더, 학교 경영자, 그리고 교육청 행정가 등이 포함된다. 다음으로, 전문교육자에는 학생의 학업 및 사회 정서적 성장과 건강을 책임지는 예비 교사, 초임 교사, 경력 교사나 전문 교사 등이 포함된다. 보조교육자에는 정규 교원의 지식과 기술을 보완하는 조교, 보조원 및 기타 학교 직원이 포함된다. 지역사회 교육자에는 교사의 지식과 기술을 보완해 줄 수 있는 자원봉사자, 대체 교사, 그리고 지역 주민 등이 포함된다.

이들은 모두 교육자 팀의 구성 요소라고 볼 수 있다. 이들의 면면을 보다 자세히 살펴본다면 전문성, 강점 및 자격 요건에 있어 중요한 차이점을 발견할 수 있다. 미래 교육자 팀의 가장 중요한 특징이라고 한다면 이처럼 다양한 유형의 교육 인력으로 팀이 구성된다는 점과 이들의 강점과 준비도의 수준에 따라 특정 역할과 책임이 달리 부여된다는 것이라고 할 수 있다. 이를 통해 학생들의 요구를 좀 더 잘 충족할 수 있는 학습 환경을 제공할 수 있을 뿐만 아니라, 동시에 좀 더 교육자 친화적이고 보람을 느낄 수 있는 직장과 일터를 창출할 수 있다.

핵심 교육자 팀과 확대 교육자 팀

팀 기반 모델에서 분산된 전문지식은 왜 중요한지 그리고 이 모델 하에서 각각 교육자들은 어떤 다양한 소임을 수행하고, 서로서로 보완할 수 있는지에 대해 본격적으로 살펴보기 전에, 우선 학교 체제에서 교육자들을 팀으로 조직하는 형태에 대해 살펴보는 것은 도움이 된다. 이는 교육자 팀을 '핵심 교육자 팀'과 '확대 교육자 팀'이라는 두 가지 형태로 구성하는 것이다.

핵심 팀의 구성원은 일반적으로 같은 수의 학생들을 서로 분담하여 맡아 통상 1년 동안 함께 일한다. 하지만 경우에 따라, 또 학교 상황에 따라 이 기간이 한 학기에 불과한 일도 나타난다. 핵심 팀은 학생의 학업 및 사회 정서적 성장에 대한 책임을 공유한다. 팀 구성원들은 정기적으로(종종 매일) 만나 공동의 수업 계획을 세우고, 학생의 과제를 살펴보고, 학습자의 요구를 가장 잘 충족하기 위한 일정 추진 계획 등에 대해 논의한다. 핵심 팀의 구성은 상황에 따라 다르지만, 일반적으로 리더 교사(예: 팀장), 교사들, 그리고 (때로는) 보조교사 및 예비 교사(교사 레지던트 또는 수습 교사)로 이루어진다.

확장 팀의 구성은 핵심 팀에 추가적인 지원을 제공할 수 있는 전문 노동 인력이나 교육자가 추가된다. 확장 팀의 구성원들은 한 학교 또는 여러 학교에 걸쳐 근무할 수 있다. 특히 특정 학습 전문가나 특정 교과목 담당 교사의 경우가 이에 해당한다. 지역사회 교육자는 언제나 확장 팀에 포함된다. 보조교사가 핵심 팀에 속할지 확장 팀에 속할지는 상황에 따라 다르고, 보조교사가 담당하는 팀 수, 주당 근무 시간에 따라 결정된다.

한 초등학교와 고등학교에서 핵심 팀과 확장 팀을 구성한 사례는 다음과 같다.

초등학교(3학년 팀, 학생 100명):

- 핵심 팀: 정규 교사 3명(이 중 한 명이 팀을 이끎), 예비 교사 3명(레지던트, 주 5일 근무), 보조교사 1명으로 구성.
- 확장 팀: 여러 팀에 걸쳐 근무하는 선택 교사 다수, 미디어 전문가, 타이틀 I 전문가(특수교육), 특수교육자.

고등학교(9학년 팀, 학생 150명):

- 핵심 팀: 생물 교사(리더 교사 겸직), 수학 교사, 영어 교사, 진로 및 기술 교육 교사, 특수교육 교사.
- 확장 팀: 원격 수학 교사(수학 수업을 보조하는 교사), 영어 학습자 교육자(여러 팀에서 공유), 선택과목 교사 다수, 프로젝트 기반 멘토 역할을 하는 지역 산업계 자원 인사인 지역사회 교육자로 구성됨.

다시 한번 강조하지만, 각 학교는 다양한 방식으로 교육자 팀을 구성한다는 점에 유의해야 하고 이는 매우 중요하다. 앞서 언급한 두 사례는 모두 학년별로 구성된 팀이지만, 같은 교육청 관내에 여러 연령대의 학습자(예:3, 4, 5학년)를 대상으로 팀을 구성한 협력 학교도 있다. 핵심 팀에 학습전문가가 2명만 있는 팀이 있지만, 5명이 있는 팀도 있다. 일부 팀에는 리더 교사가 있지만, 또 그렇지 않은 팀도 있다. 때로는 매우 큰 규모의 확장 팀이 있고, 때로는 핵심 팀만 있는 때도 있다. 이 모든 팀의 공통점은 적어도 두 명의 정규 교사가 대등한(대체로 항상 더 많은 수의) 학생들을 나누어 맡고, 교육자들은 각자의 분산된 전문지식을 활용하여 학생들의 요구를 더 잘 충족하고, 가르치는 일이 더 감당할 만하고 지속 가능한 일이 되도록 새로운 변화를 모색하고 있다는 점이다.

분산된 전문성

팀 기반 교직 디자인 성공 여부는 리더 교사, 교사, 보조교사, 지역사회 교육자 등 팀 구성하는 교육자 모두가 각기 다른 가치 있는 형태의 전문성을 보유하고 있다는 사실에 달려 있다. 단순히 교육자를 팀에 배치하는 것만으로는 충분하지 않다. 분산된 전문성을 최적화하는 방식으로 팀을 구축하여 팀 구성원이 적시에 적절한 업무를 수행하도록 하여 학생, 교사 모두에게 더 나은 결과를 가져오게 하는 것이 핵심이다.

세계보건기구(WHO)는 의료 서비스의 질을 강화하고 더 효과적인 서비스를 제공하기 위해 수십 년 동안 의료 환경에서의 "태스크 시프팅 (task shifting)"을 추진하고 있다.[15] 이 접근 방식에서는 고도로 숙련된 의료종사자(예: 의사, 간호사)로부터 특정 업무를 "보건에 필요한 가용 인적 자원을 보다 효과적으로 활용하기 위해 교육 기간이 상대적으로 짧고 자격 기준이 다소 낮은 직원에게 권한이나 업무를 이양 또는 재분배"하는 것이다.[16] 광범위한 전문지식을 갖춘 고도로 훈련된 전문 의료직원으로부터 특정 업무를 다양한 전문 분야를 가진 다양한 의료 인력으로 이전하는 것은 환자의 건강과 보건의 질을 희생시키지 않으면서도 비

---

15   World Health Organization (2007).
16   World Health Organization (2007).

용을 절감할 수 있다는 가능성을 보여주었다.[17]

태스크 시프팅은 전통적인 교육자의 역할을 재고하고 새로운 역할을 창출할 수 있는 대안을 구안하는 데 유용한 시사점을 제공한다. 의료 분야의 사례와 마찬가지로, 교사에 대한 틀에 박힌 역할 구조는 그대로 둔 채 책임만이 끊임없이 추가되고 확장되는 현 상황에서, 교육자 팀 간에도 태스크 시프팅 접근을 적용하여 업무를 새롭고 혁신적으로 재분배할 수 있을지 고려해 볼 수 있다. 여기서 중요한 것은 교사가 하기 싫어하는 업무를 단순히 자격이나 지위가 낮은 다른 저경력 교사나 정규 교사가 아닌 팀원에게 맡긴다는 의미가 아니라는 것을 명심해야 한다. 오히려, 팀에서 이처럼 매우 복잡한 업무 특성을 고려하여 가장 잘 수행할 수 있는 사람이 누구인지, 혹은 특정인의 역량이나 능력, 경력이 부족하다면 그 일을 다른 사람에게 효과적으로 재분배할지 고려하는 것 등이 중요하다.

팀원들의 업무를 분담한다고 해도 리더 교사와 교사들은 기본적인 기초 공통 지식 영역(베이스라인 지식)에 대한 역량은 갖추고 있어야 한다. 예를 들어, 모든 초등학교 교사는 수학에 대한 기본적인 이해와 수학을 가르치는 방법을 알고 있어야 한다. 그러나 팀에는 데이터 분석, 전반적인 수업 계획 및 학생 그룹화, 학생 개인별 맞춤 교육을 위한 컨설팅 등을 담당하는 수학 전담 수업 컨설턴트가 있을 수 있다.

중등 과학 교사는 수업 내용에 대한 깊은 이해가 필요하지만, 팀원 중산업 분야의 응용 지식, 문제 또는 프로젝트 기반 학습에 대한 깊은 이해, 기술 통합에 대한 깊은 지식이 있는 사람과 함께 구성할 수 있다. 일

---

17 Mdege et al. (2013).

단 팀이 구성되어 배치되게 되면 교사는 더 이상 기존 방식처럼 고립된 채 모든 학생에게 그리고 모든 것에 대해 전문가가 될 것을 기대받지 않는다. 오히려 전문지식이 널리 분산되고, 교육자들은 서로 협력하고 조율하여 학생들에게 더 깊이 있고 개별화된 학습 경험을 설계하여 제공할 수 있다.

태스크 시프팅은 의료뿐만 아니라 초보 교사, 보조교사, 지역사회 교육자 배치를 고려할 때도 효과적이다. 현재의 1교사-1학급 교직 인력 배치 모델에서는 이러한 교육자들이 제대로 활용되지 못하거나 또는 적절하게 준비된 그 이상으로 더 많은 일을 요구받는 경우가 많다. 팀 기반 모델에서는 이들 교육자들이 특정 업무(예: 읽기 지도, 평가, 학습 부진 학생 지원)를 분담하도록 하여 준비도와 숙련도를 높여 보다 새롭고 효과적으로 업무를 담당하게 할 수 있다.

다음 사례는 팀 기반 인력 배치 모델을 통해 전문성을 배분하는 것이 얼마나 효과적인지 잘 보여준다. 아래의 〈표 2.1〉은 재학생이 100명인 3학년 지도를 위한 두 가지 직원 배치 모델을 제시한다. 비록 실제 사례가 아니라 가공한 예시이기는 하지만 이 사례는 연구진과 협력 관계를 맺고 있는 많은 초등학교를 대표한다고 할 수 있다. 중등 협력학교를 기반으로 한 사례도 있는데, 이는 6장에서 초, 중, 고교를 모두 포함한 세 가지 학교급 모델에 대해 훨씬 더 자세히 설명할 것이다.

〈표 2.1〉에 표시된 1교사-1학급 모델에서는 학생들이 4개의 교실에 분산되어 있으며, 경력 및 교직 입문 경로가 서로 다른 4명의 교사가 학생들을 담당한다.

- 교사 A: 15년의 경력과 특수교육 석사 학위를 보유하고, 전통적인 교사양성대학 코스를 졸업한 정규 교사.
- 교사 B: 대안 교사 양성 경로를 통해 진입한 전직 엔지니어로, 5년차 경력 정규 교사
- 교사 C: 교육청에서 제공하는 대안 교사 양성 과정을 졸업한 1년차 초임 교사.
- 기간제(장기) 대체 교사: 최근 영어 학사 학위를 취득한 대학 졸업생.
- 보조교사: 고등학교 졸업장을 소지하고 학교에 재학하는 자녀를 둔 학부모.

이 사례에서는 많은 학교에서 점점 더 일반화되고 있는 장기 대체 교사(또는 긴급 양성과정을 수료한 교사)에 특히 주목할 필요가 있다. 앞에서 언급했던 것처럼 이러한 구성은 현 체제 내 일반적인 모습 중 하나이다. 한편, 〈표 2.1〉의 두 번째 열은 학교가 1교사-1학급 모델에서 팀 기반 모델로 전환함에 따라 교육자의 책임이 어떻게 변화할 수 있는지 잘 형상화해 준다.

<표 2.1> 3학년 대상 맥락에서의 교사 역할 변화 사례

	1교사-1학급 모델	팀 기반 모델
학생	- A반: 25명(개별화교육대상자 7명) - B반: 25명(개별화교육대상자 8명) - C반: 25명 - D반: 25명(20명 이중언어학습자)	- 100명의 학생은 커다란 단일한 그룹으로 구성됨 - 일련의 교육자들이 팀이 되어 학생들의 학업 및 사회 정서적 성장을 공동으로 책임짐
교사 A	4명 교사 모두 각각 다음과 같은 책임을 담당함 - 수학, 영어, 과학, 사회과 수업 계획 - 학부모와의 소통 - 학생의 사회 정서적 학습 요구 충족 - 학급 홈페이지와 테크놀로지 기자재 관리 - 쉬는 시간 및 하교 지도 - 기타 생활지도 및 업무 등등	교사리더의 역할(일정 관리, 팀 기반 데이터 관리, 학교경영팀의 일원, 팀원에 대한 관찰 및 피드백 제공) - 영어 교과 주임 - 영어 및 수학 수업 지도 - 15명의 개별화 수업 대상 학생 맞춤형 지원
교사 B		- 수학 교과 주임 - 학부모 의사소통 담당 - 영어, 수학, 과학, 사회과 지도
교사 C		- 과학, 사회 교과 주임 - 학급 홈페이지와 정보 기자재 관리 - 지역사회교육자 관리, 담당 - 영어, 수학, 과학, 사회과 지도
공무직 교육지원 직원		- 읽기 진단 관리 - 소그룹 영어, 수학, 과학, 사회과 학생 지도 지원 - 15분 마음챙김 세션 지도 - 쉬는 시간과 하교 지도 지원
교육지원 직원(준 교육자)	대체로 15명의 개별화교육 대상 학생 담당(A반, B반)	- 20명의 취약학생과 불리한 학생의 학생 성공 코치 역할 담당 - 온라인 학습 경험 촉진 역할 수행(예: 맞춤형 수학 소프트웨어) - 쉬는 시간과 하교 지도 감독
지역사회 교육자	이 모델에서는 해당 사항 없음	- 시간제 퇴직교원 소그룹 읽기 지도(주당 5시간 유급) - 시간제 대학생 수학 튜터링(주당 3시간 유급) - 지역사회 전문가 프로젝트 수업 특강(주 1회, 무급) - 학부모 하교 지도 지원(자원봉사)

중요한 점은 표에 설명된 변화는 이 학교의 3학년 교직원 배치 모델에 비교적 간단한 변화를 나타낸다는 것이다. 대부분의 경우 새로운 역할이 만들어지지는 않았으며, 1교사-1학급 모델의 기존 인적 자본을 다른 방식으로 구성하고 학생의 요구를 좀 더 잘 충족하고 교사에게 더 많은 보람을 줄 수 있도록 책임을 전환했을 뿐이다. 〈표 2.1〉에서 설명할 수 있는 내용은 많지만, 우선, 이 모델 하에서 경력 교사, 1년차 교사, 보조교사, 대체 교사 등 네 명의 교육자가 경험한 변화에 주목하여 살펴보면 다음과 같다.

숙련되고 유능한 교사의
영향력 확대

학교가 팀 기반 교직원 배치 모델을 구축함에 따라 경험이 풍부하고 유능한 교사가 학생과 다른 교육자 모두에게 영향력을 확대할 새로운 기회가 만들어질 수 있다. 〈표 2.1〉에 설명된 1교사-1학급 모델에서는 정규 자격증을 가진 교사(교사 A)가 다른 3학년 교사(예: 대안적 양성 과정과 경력 전환 교사)와 동일한 수의 학생만을 분담하여 가르치기 때문에 학생의 전문적 성장과 발달에 미치는 영향이 제한적일 수밖에 없다. 그러나 팀 기반 모델에서는 교사 A가 팀을 이끄는 책임을 갖는 리더 교사직을 맡을 수 있어서 100명의 3학년 학생 모두가 교사 A의 직접적인 지원, 계획 및 리더십 혜택을 받을 수 있다.

함께 연구를 수행한 협력학교들에서는 역량 있고 경험이 풍부하며, 유능한 교육자를 위한 다양한 리더십 직위를 새로 만들었다. 이 책에서는 이들을 "리더 교사"라고 부른다. 이들은 팀 회의를 촉진하고 학생의 요구와 팀의 강점을 고려하여 교육자(교사, 보조교사, 지역사회 교육자 등등)들을 가장 효과적으로 배치하는 방법을 결정한다. 리더 교사는 종종 팀 내 리더가 되기도 하며, 교장은 관찰, 피드백 및 기타 교육자 지원에 대한 책임을 이들에게 위임하기도 한다.

교육청에서는 이들 리더 교사에게 새로운 공식적인 역할을 부여하거나 급여 또는 기타 유인책(예: 수업 준비 시간)을 제공하여 이들의 전문성과 책임감에 대한 보상을 제공할 수 있다. 이를 통해 뛰어난 교사들이 승진을 이유로 교실을 떠나지 않아도 되는 새로운 승진 기회와 경로를 창출할 수 있다. 또는 학교 행정가나 교육청의 장학직이나 전문직에 관심이 있는 교사는 교육자 팀을 이끄는 일을 통해 향후 행정가 직책에서 성공하는 데 필요한 지식, 기술 및 성향을 사전에 형성하고 개발할 수 있을 것이다. 이를 통해 장기적으로는 미래 학교 리더를 양성하고, 효과적이고 경험이 풍부한 교육자가 교단을 떠나지 않고 남아 있도록 적극적으로 노력할 수 있다.

초보 교사 교직 안착 유도

1교사-1학급 모델에서 〈표 2.1〉의 교사 C와 같은 1년차 교사는 고경력의 교사와 본질적으로 같은 일을 수행하고 동일한 책임을 맡는다. 초임 교사와 함께 일해 본 사람이라면 교사 양성 과정을 졸업했다고 해도 아직은 수업이나 생활지도 면에서 역량에 있어 경력교사와는 큰 차이가 있다는 것을 알 수 있을 것이다. 또한 그보다 더 중요한 것은 같은 초임 교사라도 해도 각자의 고유한 강점과 전문 분야가 있다는 사실이다. 어떤 교사는 최신 테크놀로지를 활용한 체험형 수학 수업을 계획하는 데 능숙한 반면, 다른 교사는 학생 및 가족과의 신뢰 관계를 구축하는 데 뛰어난 경우도 있다. 물론 두 가지를 모두 잘하는 교사도 있을 수 있다. 하지만 현재의 1교사 1학급 체제는 기본적으로 모든 초임 교사에게 교실 열쇠 하나, "1년차 교사를 위한 '생존 가이드'" 한 권만을 달랑 제공하고서는 모든 초임 교사를 도매금으로 동일하다고 가정한다. 그리고 (비현실적으로) 그들이 경력 수십 년 차의 베테랑 교사들처럼 모든 일을 잘해내기를 기대한다.

초보 교사를 교육자 팀으로 (재)배치하면 그는 더 이상 모든 것을 다 잘하지 않아도 된다. (팀의 다른 교육자들도 마찬가지이다). 그들은 자신들이 가장 잘할 수 있는 일 위주로 업무 부담과 업무 책임이 줄어든 범위 내에서 더 효과적으로 기여할 수 있다. 예를 들어, 앞서 설명한 팀 기반 모델에서 교사 C는 여전히 네 개의 과목을 모두 가르치지만, 본인이 잘할 수 있는 과학과 사회 과목에 대해서는 특별히 기획 책임만 맡는 방식이다.

또한 학부모와의 소통을 관리하고 모든 수업에 테크놀로지를 통합하는 것이 이 교사(교사 C)가 보유한 기술이라고 한다면, 다른 교사들도 물론 기본적으로 이 업무를 하겠지만, 교사 C가 이 업무를 주로 담당함으로써 상대적으로 다른 교사들은 덜 집중해도 된다는 것이다. 이러한 과정을 통해 시간이 흘러감에 따라 초임 교사 C는 다양한 현장에서의 전문성 신장 체험, 경력 교사의 멘토링, 롤 모델을 통한 학습 등을 통해 점진적으로 복잡하기 짝이 없는 '가르치는 일'을 수행하는 데 필요한 본인만의 수업 기술과 역량을 키워나갈 수 있다.

교육지원 직원들을 위한 의미 있는 업무 및 경력 설계

교육지원 직원들은 교사의 보조 또는 교육 활동 지원 인력으로 알려져 있지만, 맡은 역할이 너무 적거나 혹은 반대로 교육받은 것 그 이상으로 지나치게 학생들을 지원하는 역할을 맡도록 요청받는 경우가 종종 있다. 〈표 2.1〉의 교육지원 직원들과 마찬가지로, 이들은 통합학급 환경에서 특별한 도움이 필요한 학생을 지원하는 경우가 많다. 교육지원 직원이 되기 위한 요건은 주마다 다르지만, 모든 학생 성공법(ESSA)에 따라 보조교사는 고등학교 졸업장 이상을 소지하고 ⑴ 2년의 대학 또는 기술학교를 마쳤거나 ⑵ 준학사 이상의 학위를 소지하거나 ⑶ 읽기, 쓰기, 수학 교육을 지원할 수 있는 능력에 대한 주 단위의 또는 지역 평가를 통과해야 한다.[18]

현재 교육지원 직원들에 대한 전문적인 양성 및 자격 체제에 대한 충분한 고려는 미흡한 형편이다. 그런데 문제는 정작 이들은 학급에서 가장 가르치기 어려운 복합적인 학습 및 사회-정서적 요구를 갖는 학생들을 담당하는 경우가 많다는 것이다. 이로 인해 설상가상으로 현장에서 교육지원 직원들의 교육적 효과성이 반감되어 버리거나 이들의 업무가 필요 이상으로 지나치게 어려울 수도 있다.

미국에는 현재 약 130만 명 이상의 교육지원 직원들이 있으며,[19] 이들은 다양한 방식으로 학교에 배치될 수 있다. 팀 기반 교직 인력 배치 모델을 통해 교육지원 직원들은 다양한 역할을 맡을 수 있고 특정 역할에

---

18 Every Student Succeeds Act (2015).
19 Bureau of Labor Statistics (2022).

초점을 맞춰 준비할 수 있다. 〈표 2.1〉에서 볼 수 있듯이 예를 들어, 교육지원 직원들은 핵심 팀의 일원이 되어 도움이 필요한 20여 명의 학생들을 위한 학생 성공 코치 임무를 수행할 수도 있고, 학생들이 온라인으로 학습할 때 학습 촉진자 역할을 수행할 수도 있으며, 쉬는 시간 및 하교 시에 안전을 감독하는 등 세 가지 역할과 책임을 담당할 수 있다. 이렇게 역할을 분담할 때 무엇보다도 이들이 학생들과 밀도 깊고 신뢰할 수 있는 관계를 구축할 수 있어야 하고 또 전문적인 학습이 이루어지는 데 꼭 필요한 숙달할 수 있도록 하는 것이 중요하다.

대체 교사를 지역사회 교육자로 재구성하기

대체 교사는 60만 명이 넘어 수적으로는 많지만 교육지원 직원 가운데 활용도는 가장 낮은 인력이라고 할 수 있다. 물론 정규 교사양성교육을 받은 대체 교사가 없는 것은 아니지만, 이들 가운데 공식적인 교사양성교육을 받은 경우는 매우 드물다.[20] 대부분의 대체 교사는 20명 이상의 학생이 있는 교실에 특별한 사전 준비나 구체적인 정보 없이 투입되어 수업과 훈육을 담당해야 한다. 1교사-1학급 모델에서는 〈표 2.1〉의 장기 대체 교사의 경우처럼 특히 교사양성교육이나 훈련을 제대로 받지 못한 대체 교사가 불가피하게 장기간 수업을 담당해야 하는 경우(예: 가정사로 인한 휴가 또는 학교 여건상 직원 충원이 어려운 경우)에는 더 중요한 문제가 될 수 있다.

---

20 Vialet & von Moos (2020).

교사들이 학생을 분담하여 담당하는 팀 기반 모델에서는 동료교사 한 명이 하루 정도 자리를 비워야 할 때 팀 내의 학생 수와 일정을 상황에 맞게 재조정하는 것이 훨씬 더 용이할 수 있다. 이상적이지는 않더라도 교사의 결근이나 부재로 인한 혼란이나 그 여파가 팀 기반 모델에서는 훨씬 덜 문제가 된다고 할 수 있다. 이 때문에 일부 연구 협력학교에서는 대체 교사를 위한 예산 항목을 없애는 대신 그 해당 예산을 팀 기반 모델에 맞게 재배치했다(예: 교사 리더 급여, 시간제 지역사회 교육자 채용 계약 등).

한편, 교사가 장기간 휴직하는 상황이나 혹은 교사를 새로 채용하기 어려운 경우에, 팀 기반 모델 하에서도 교육 인력을 추가로 고용할 수 있는데 이 경우는 단순히 기존 교사를 '대체'하는 것이 아니라 팀에 꼭 필요한 인력 소요를 따져, 구체적이고 적절한 새로운 역할과 책임을 맡을 수 있다. 〈표 2.1〉에 설명된 대로, 팀 기반 모델의 장기 대체 교사(영어 학사 학위를 소지한 교직 인력)는 읽기 능력 진단(읽기 교육과 병행)을 관리하고, 수업 진행 중에는 소그룹을 지원하며, 매일 마음 챙김 세션(방과 전후나 휴식 시간을 이용한 명상 수업)을 이끌고, 쉬는 시간 및 등하교 지원 업무를 수행하면서 교육지원 직원을 보조하는 역할을 수행할 수 있다.

장기 대체 교사와 함께 팀 기반 모델에서 일하는 다른 모든 대체 교사 인력에 대해 지역사회 교육자 자원을 활용하는 것을 검토해 볼 필요가 있다. 이들은 이미 학교에 봉사하고 일하고 싶다는 의지와 의사를 표명한 배려심 깊은 성인으로, 팀에서 꼭 필요하고 활용해야 할 특정 기술과 관심사를 가지고 팀에 합류한 자원 인사들이라고 할 수 있다. 팀 기반 모델은 은퇴한 교육자나 한시적으로 교직을 떠난 사람들에게 시간제 고용 형태로 이들이 새롭고 흥미로운 역할을 할 수 있는 기회를 제공해 줄 수 있다. 예를 들어 학교의 별정직 직원이나 지역 소재 비즈니스 및 산업 분야에 종사하는 자원 인사들은 교사들이 갖지 못한 특정 전문 분야의 지식과 기술, 전문성을 제공해 줌으로써 학교에 기여할 수 있다.

학교는 교사의 역량을 강화하는 데에만 치중할 것이 아니라 앞으로 지역사회 교육자의 다양하고 분산된 전문성을 더 효과적으로 발굴, 활용하기 위해 더 노력할 필요가 있다. 〈표 2.1〉은 은퇴한 교육자, 대학 강사, 지역 엔지니어, 가족 등 지역사회 교육자가 교육팀의 역할과 업무를 보완할 수 있는 몇 가지 방법을 소개한다.

교육자 팀의 역량과 가능성 '잠금 해제'하기

〈표 2.1〉에서 제시한 사례는 의도적으로 매우 간단명료하다. 학교 및 교육청의 고위 행정가들이 이 팀 기반 모델을 보고 '내년에 우리도 이 모델을 바로 실행에 옮길 수 있겠다'라고 쉽게 생각할 수 있도록 하기 위한 전략이기도 하다. 연구를 공동으로 수행한 협력 학교들은 기존의 1교사-1학급 모델에서 탈피하여 팀 기반으로 교직원을 재구성하여 팀 내 구성원들의 전문성을 최적화할 수 있는 합리적인 방식으로 역할과 책임을 다양한 방식으로 재분배하였다. 하지만 리더 교사 직책과 지역사회 교육자를 제외하고는 대부분의 학교에서 추가적인 자리나 인력 소요를 더 만들지 않았다. 그 학교들에서는 새로운 추가 인력이나 새로운 역할 지정 없이 기존의 인적 자본을 활용하여 동학년 교사 위주의 팀을 구성하는 방식인 핵심 팀 구성 방식을 통해 시작하였다.

연구 협력 학교들에서 팀 기반 모델을 시행한 지 한 해를 넘어가게 되고, 협력 학교들 사이에서 더 많은 팀을 구성하거나 추가하게 되면서 학생 재배치, 교사와 교육지원 인력 역할과 전문성 분산 등을 둘러싸고 훨씬 더 흥미로운 가능성과 대안들이 출현하기 시작했다. 일부 학교에서는 다양한 연령대의 팀(예: 3, 4, 5학년 또는 7, 8학년을 대상으로 하는 팀)을 선호하고 있다. 어떤 학교는 한 과목 내에서 수직적(학년 간) 팀을 실험하기도 했다. 예를 들어, 9학년과 10학년 학생을 공유하는 수학팀에서는 대수학부터 삼각함수까지 다양한 수학 커리큘럼을 전문적으로 가르치는 교사와 함께 학습자가 "최대한 빨리, 그러나 필요한 만큼 천천히" 학습할 수 있도록 했다. 진도가 빠른 학생이라면 한 학년도에 서로 다른 수학 교사를 최대 세 명까지 만날 수도 있다.

한편, 아직 시행되지는 않았지만, 팀 구성원들은 완전히 새로운 역할들을 고려하기도 한다. 한 협력 학교에서는 교내 여러 팀을 넘나들며 프로젝트 기반 학습 단위를 주도적으로 설계하는 '팀 간 교육과정 디자이너(리더 교사)'를 배치하여 여러 교사가 개별적으로 모두 수행하던 복잡하고 시간이 오래 걸리는 이 작업을 전문적 역량을 갖춘 한 명의 교사에게 맡기는 실험을 모색해 보고 있기도 하다. 또 다른 학교에서는 보조교사 및 대체 교사의 역할을 전면적으로 재편하여 이들이 소규모 읽기, 쓰기 또는 수학 그룹과 함께 일하는 "문해력 촉진자" 또는 "수학 촉진자" 역할을 수행하도록 하기도 했다.

결론

1교사-1학급 체제하의 틀에 박히고 고정된 '위젯 교사'에서 탈피하여 교육 경험과 역량이 뛰어난 전통적 교사, 혹은 다른 직종에서 다년간 일하다가 이직해 온 교사처럼 다양한 교육자들이 한 일터에서 같이 일하고 능력을 충분히 발휘할 수 있는 팀 기반 모델로의 전환은 우수 교원들을 유인하고 확보하여 교직이라는 직업을 더 발전시킬 수 있다. 현행의 관성적인 1교사-1학급 모델 하의 구조적 고립은 교사들에게 더 의미 있고 지속적인 방식으로 상호 작용할 기회를 박탈한다. 반면에 팀 기반 모델은 교육자 개개인의 전문성을 결합하여 부분의 합보다 더 큰 전체를 형성할 수 있을 것이다.

팀 기반 모델을 구축하기 위해서라면 현재 학교의 교육 인력으로부터 시작해도 충분하다. 이와 같은 새로운 전환 시도에 필요한 대부분의 인적 자원은 이미 현 체제 내에 존재한다. 단지 새로운 사고방식과 특성에 맞게 인력을 다르게 배치하고 이에 대한 구체적인 정보를 제공할 필요가 있을 뿐이다. 이는 재정적 측면과 아울러 팀 기반 모델 구축을 위한 구조 조정 및 조직개편의 타당성을 고려할 때도 중요하다. 팀 기반 모델은 한 세대가 지나고 나서야 비로소 구현할 수 있는 그런 머나먼 이야기가 아니다. 학교와 교육청은 원한다면 바로 오늘 당장 이 작업에 착수할 수 있다.

학교가 1교사-1학급 모델을 고수하는 것을 멈추고, 분산된 전문성을 갖춘 교육자들로 학교를 재구성하는 팀 기반 모델을 구축하기 시작한다면 온갖 종류의 새로운 기회가 생겨날 수 있을 것이다. 경험이 풍부하고 유능한 교사는 교직에 더 남으려고 할 것이다. 그리고 신규 교사는 더 많은 지원을 받으며, 조기에 이직하려 생각하지 않고 더 오래 근무하려고 할 것이다. 또한 가족을 돌보기 위해 교직을 떠났던 교사가 시간제 팀원으로 학교로 되돌아올 수도 있다. 이에 못지않게 중요한 것은 무엇보다 학교가 모든 학생에게 더 깊고 개별화된 맞춤형 학습을 제공하겠다는 약속을 실행으로 옮길 가능성도 훨씬 높아진다는 것이다.

3장

교원 팀과 테크놀로지 기반 심층, 개별화 학습

현행 1교사-1학급 모델 하에서는 학생들의 수업 참여와 집중도가 학년, 학교급이 올라갈수록 점점 떨어지는 경향이 있다. 2016년에 실시된 갤럽 조사에서 초등학교 5학년 학생의 74%가 수업에 열중하고 있다고 답했지만, 11학년 학생은 32%만이 그렇다고 응답했다.[21] 연구 협력 학교와 함께 팀 기반 모델을 구축하는 작업 초기에 교사들에게 학생들의 학습 참여도를 어떻게 올릴 것인가에 대해 의견을 구했다. 또한 학생, 가족, 산업 분야 종사자, 지역사회 구성원들에게도 같은 문제에 대해 의견을 청했다. 이 과정을 통해 확인할 수 있었던 것은 구성원 모두가 공통적으로 지금까지 학교 교육이 제대로 제공하는 데 실패해 왔던 것들을 이제 학교가 제공할 수 있도록 노력해야 한다는 것이었다.

우선, 교육자들은 특히 기존 학교 체제에서 제공하는 것보다 훨씬 더 의

---

[21] Gallup (2017).

미 있고, 제대로 된 학습자 중심 학습을 원한다는 것을 확인할 수 있었다. 또 학습이 더 개별화되기를 원했으며, 삶과 관련성이 있고 매일 일상생활에서 고민하는 문제를 해결할 수 있는 평가 방식을 원했고, 훨씬 더 포괄적이고 포용적인 형태의 학습 성과를 추구하기를 원했다. 또한 고등학교에서뿐만 아니라 모든 학교급 수준에서 학생들이 자신들의 학습을 주도하는 데 더 큰 역할을 할 수 있는 기회를 원했다. 이는 그렇게 놀라운 일은 아니다. 이러한 종류의 접근은 선행 문헌들에 이미 잘 나타나 있다. 하지만 대부분의 미국 학교에서는 이러한 학습 방식은 일반적이라기보다는 예외일 가능성이 훨씬 더 높다. 도대체 왜 그런가? 특히 강조하면 현행 1교사-1학급 모델에서는 이러한 학습을 수행하기가 더욱 어렵다는 것이다.

이 장에서는 두 가지 내용에 대해 특히 강조하여 다룬다. 첫째, 학생들은 개별화되고, 의미를 찾을 수 있는 방식으로 학습할 기회를 제공받아야 한다. 둘째, 개별화된 학습과 심층학습 두 가지 모두 지속 가능한 형태로 제공할 수 있는 효과적인 방법은 새로운 테크놀로지와 지금까지 다룬 팀 접근을 병행하여 적용하는 것이다. 이를 토대로 교육자들의 분산된 전문성이 충분히 발휘되도록 교직 구조를 재편하는 것이 꼭 필요하다는 것을 강조한다.

개인화된 학습과 심층 학습을 모두 제공할 기회

우선, 다음 몇 페이지에 걸쳐서 "개별된 학습"과 "심층 학습"이라는 용어를 규정하고, 의미와 개념적 차이를 구별해 보고, 이 개념을 둘러싼 쟁점들에 대해 살펴볼 것이다. 어떤 사람들은 이 두 가지가 실제로는 별 차이가 없는 같은 개념이라고 주장하기도 한다. 즉, 개별화된 학습 없이는 더 깊은 학습을 할 수 없다는 것이다. 또는 이 두 용어 중 어느 것도 옳지 않으며, 더 깊은 학습과 개인화된 학습의 요소를 모두 포함하는 '학생 중심 학습' 또는 '학습자 중심 교육'과 같은 더 포괄적인 용어를 사용해야 한다고 주장하기도 한다. 하지만 여기에서의 핵심은 이와 같은 분류 그 자체에 얽매이려는 것이 아니라, 이러한 학습 방법에 대한 이해와 적용을 통해 언제든지 어떤 한 학교의 교실에 들어섰을 때 학생들이 기존 교육 방식과는 질적으로 다른 방식으로 학습에 참여하고 몰입하는 장면을 볼 수 있기를 기대하는 것이다.

이는 아마도 개별화된 학습이라고 생각하는 것과 심층 학습이 혼합된 형태가 되어야 할 것으로 여겨진다. 미래 교직 디자인을 구축할 때 개별화된 학습과 심층 학습을 모두 추구한다고 의도적으로 강조하는 이유는 각각의 학습이 학생들이 무엇을 어떻게 배워야 하는지에 대한 중요한 통찰력을 제공한다고 믿기 때문이다.

수잔 패트릭, 캐서린 케네디, 앨리슨 파월은 개별화 맞춤 학습을 "학생이 무엇을, 어떻게, 언제, 어디서 학습할지에 대한 학생의 의견과 선택권을 보장하는 것을 포함하여 각 학생의 강점, 필요, 관심사에 맞게 학습을 조정하여 가능한 최고 수준의 숙달을 보장하는 유연성과 지원을 제공하는 것"이라고 정의한다.[22] 학교에서 학생들을 위한 맞춤 학습 경험을 구현하기 위해 간단히 채택할 수 있는 편리한 '실행 매뉴얼' 같은 것은 없다. 오히려 개인화된 학습을 제공하려면 교육자가 학습자 중

---

22   Patrick et al. (2013).

심의 교수법을 채택하고 그에 숙달해야 한다. 이런 점을 생각한다면, 개별 학습자 프로필, 맞춤형 학습 경로, 역량 기반 진도, 유연한 학습 환경과 같은 몇 가지 개별화된 학습이 갖는 전형적인 특징을 이해하는 것이 필요하다.

하버드대학교의 잘 메타와 사라 파인(Jal Mehta & Sarah Fine)은 "심층 학습이 일시적인 유행에 그치지 않을 것이라고 믿는 가장 강력한 근거는 현대 생활의 환경이 돌이킬 수 없을 정도로 빠르게 변화하고 있다는 점"이라고 주장한다. 휴렛 재단에서 정의한 심층 학습에는 다음과 같은 6가지 역량이 포함된다.

- 핵심적인 학문적 내용의 숙달
- 비판적으로 사고하고 복잡한 문제 해결
- 협력적으로 작업하기
- 효과적인 의사소통
- 학습하는 방법 배우기
- 학문적인 사고방식 개발[23]

궁극적으로 심층 학습의 목적은 학생들에게 새로운 상황과 맥락에서 지식을 찾고, 분석하고, 적용하는 데 필요한 도구를 제공하는 것이다.[24] 심층 학습 환경하에서 학생들은 자기 주도성, 끈기, 동기 부여, 호기심과 같은 성향을 계발할 기회를 가진다. 한편, 일반적으로 부유한 지역의 학교는 빈곤한 지역의 학교에 비해 학생들로 하여금 비판적으로 사고

---

23   Hewlett Foundation (2013).
24   Darling-Hammond et al. (2019).

하고, 복잡한 문제를 해결하며, 교사 및 학생이 긴밀히 협력하고, 학업 내용과 사고 훈련 숙달을 견인할 수 있는 의미 있는 학습 경험을 지속적으로 제공하는 데 훨씬 더 성공적인 경향이 있다고 한다.[25] 하지만 심층 학습에의 경험은 학생들의 대학 진학, 취업, 시민으로서의 참여 및 평생 학습에 이르기까지 전 일생에 걸쳐 영향을 미치기 때문에[26] 일부 부유층 학생만의 전유물이어서는 안 된다. 그러므로 모든 학생이 이러한 학습 기회에 공평하게 접근할 수 있어야 하며 팀 접근은 이를 가능하게 하는 데 매우 유용하다고 할 수 있다.

개인 맞춤형 학습과 심층 학습은 다른 교육 모델과 마찬가지로 구현이 잘 되어야 소기의 효과를 발휘할 수 있다. 개별화 학습이라고 해도 자칫 최악의 경우, 학습자가 맞춤형 활동 재생 목록을 통해 정해진 학습 경로를 따라 이동하지만, 다른 학습자와 협력하거나 삶과 관련된 문제를 해결하는 것은 거의 없이, 그저 컴퓨터 모니터 화면에만 붙어 있는 학생의 모습으로 대표되는 피상적인 학습으로 전락할 수 있다. 또한 심층 학습이 제대로 구현되지 않을 때는 학생들이 대학에 진학하고, 직장에서 능력을 발휘하며, 지역사회에 활발하게 기여하는 데에 필수적인 중요한 지식과 기술을 제대로 습득하지 못할 수 있다. 심층 학습의 대표적인 사례인 개방형 프로젝트의 경우 자칫하면 명확한 학습 결과나 학문적 정교함이 없으며 그저 겉보기만 화려한 '작품 전시회'로 전락할 수 있다.

개별화된 학습과 심층 학습에 대해 함께 논의하고 성찰하는 것은 이같이 바람직하지 못한 학습 사례를 예방하는 데 유용하다. 이를 통해 학

---

25 Noguera et al. (2015).
26 Darling-Hammond et al. (2019).

생들은 개인 맞춤형 학습에 따른 자율성과 선택권을 경험하는 동시에, 학구적이고, 자기 성찰적이며, 대인 관계 능력을 쌓는 데 도움이 되며 실생활과 관련성이 높고 협력적이며 진정성 있는 심층 학습 과제에 참여할 수 있다.

물론 교사가 개별적으로 교실에서 개인 맞춤형 학습과 심층 학습의 기회를 모두 창출한 사례는 무수히 많다. 그러나 이러한 이를 위해서는 경험, 훈련 및 지원이 함께 잘 어우러진 정교한 설계가 필요하다. 하지만 많은 경우 특히 여건이 어려운 학교에서는 이 세 가지는 언제나 부족한 형편이다. 요컨대, 모든 학생은 개인 맞춤형, 심층 학습 경험을 누려야 하고, 이를 위해 다양하고 분산된 전문성을 갖춘 교육자가 팀을 이루어 추진하는 것이 이 같은 학습을 제공하는 데 보다 지속 가능하면서도 정의로운 방법이라고 할 수 있다.

개별화, 심층 학습을 위한
팀 기반 접근의 가능성

교육자들이 팀 기반 접근을 통해 학생들을 함께 지도하면 상호보완적이고 분산된 전문지식을 활용하여 개별화된 교육, 차별화된 학습 경험, 그리고 다층적 지원을 더욱 효과적으로 제공할 수 있다. 또한 심층 학습을 제공하는 책임이 교사 한 명의, 자기 전공 분야에만 국한될 가능성도 적다. 팀을 구성하면 학생의 다양한 관심사에 맞는 개별화된 심층 학습을 제공하기가 더 용이해진다.

개별화된 심층 학습을 효과적으로 실행하는 데 있어 핵심적인 것은 학생들의 개인별 특성을 고려하여 유연하게 그룹으로 편성하고 다시 재편성하는 능력이다. 팀 기반 접근을 통해 교사들이 담당하는 학생 수가 많을수록 직관적으로 보이는 것과는 다르게 좀 더 전략적으로 학생들을 소그룹으로 편성하여 학습하도록 하는 기회를 더 많이 창출할 수 있다. 그룹 편성은 학생의 관심사, 특정 기술에 대한 숙련도 또는 학생의 상호보완적인 강점에 따라 결정될 수 있다. 다양한 관심사, 기술, 강점, 삶의 경험을 가진 성인 교육 인력이 더 많이 참여한다면 보다 역동적인 방식으로 학생들을 지원할 수 있다. 예를 들어, 보조교사는 인터넷 조사를 직접 수행하는 학생 그룹을 지원할 수 있고, 영어에 대한 전문성을 갖춘 정규 교원은 소그룹 학생들의 글쓰기 지도를 담당할 수 있다. 팀에서 교육자가 수행하는 역할은 각기 다를 수 있고 또 달라야 한다.

더 심층적인 개별화된 학습을 성공적으로 제공하기를 원한다면 단위학교에서는 '핵심 팀'에 추가로 팀의 업무를 보완할 수 있도록 '확장 팀'의 구성원인 지역사회 교육자의 참여를 고려할 필요가 있다. 예를 들어, 독서지도사 또는 독서전문가 교사는 팀원으로서의 지역사회 교육자의 참여에 관한 효과적인 사례를 제공한다. 독서지도사는 학생들의 읽기에 대한 유창성과 이해력을 향상시키기 위해 학생들과 함께 공부할 수 있다. America Reads와 같은 전국적인 프로그램, 지역 비영리 단체 또는 학부모 자원봉사 단체를 통해 지역사회 교육자가 학생들을 위한 맞춤형 경험을 지원하는 방법은 매우 다양하다.

독서는 개별 맞춤형 교육의 잠재적 가능성을 보여주는 분명한 사례이다. 교사 혼자로는 20~30명의 학생을 대상으로 개인 맞춤형 읽기 교육을 실행하는 것이 거의 불가능하다. 하지만 경험 많고 유능한 교육자 그룹이 포함된 학습 환경에서는 각 학생이 필요한 개인별 또는 소그룹별 관심과 개별적 지도를 받을 수 있으며, 정규 교원의 관심과 지도가 필요한 학생과 긴밀하게 협력할 수 있다. 모든 경우에 학생들은 읽기에 필요한 다양한 지원을 제공받을 수 있을 뿐만 아니라 다른 성인들과 교육적 관계를 형성할 기회를 얻을 수 있다.

테크놀로지를 강화한 팀 접근을 통한
개별화 학습과 심층 학습

테크놀로지는 잘 활용할 경우, 개별화 및 심층 학습을 구현하는 데 있어 중요한 역할을 할 수 있다. 하지만 테크놀로지를 어떻게 정의할 것인가? 그 적절한 역할은 무엇인가? 그리고 어떻게 실제 학습에 잘 통합할 수 있을 것인가? 교육자들은 수십 년 동안 이러한 질문과 씨름해 왔지만 그다지 성공적이지 못했다. 하지만 테크놀로지의 발전은 현재진행형이고, 멈추지 않고 여전히 진행 중이다. 학습이 더욱 개별화되고 심층적인 특성을 갖게 됨에 따라 테크놀로지는 오히려 더 중요한 학습 도구가 되었다. 정말 중요한 질문은 바로 이것이다: '어떻게 테크놀로지를 수용하고, 또 이를 활용하여 더 많은 학생에게 기회를 제공할 것인가? 궁극적으로 테크놀로지를 교육자 팀 접근에 효과적으로 통합하는 방법은 무엇인가?'

테크놀로지는 학생들이 기본적인 기술을 습득하도록 돕고 복잡하고 통합된 아이디어와 콘텐츠를 중심으로 새롭고 역동적인 방식으로 교육자와 연결될 수 있도록 한다. 그래서 학습을 개인화하고 심화하는 데 중요한 역할을 할 수 있다.

증강 테크놀로지 기반 학습의 특징과
새로운 역할

온라인 및 인공지능(AI)으로 강화된 프로그램은 개별화되고, 개인의 학습 속도를 고려한 역량 기반 학습을 한 차원 더 발전시키려는 취지에서 모색되기 시작했다. 팀 기반 모델을 구축함에 있어 특별히 까다롭고 어려운 과목이 수학인데, 수학은 아무래도 학생들을 특정 그룹으로 분류하여 지도하는 경우가 많다 보니, 이것이 자칫 능력별, 수준별 반 편성이라는 불필요한 오해와 거부감을 가져올 수 있기 때문이다.

수학은 다른 과목의 일반적인 내용 특성과는 다르게 선행 학습 내용에 숙달해야 하는 특징이 있다. 내용 이해나 기능 숙달이 부족하면 학생들이 후속 수학 개념을 이해하고 참여하는 능력에 중대한 영향을 미칠 수 있다. 이 문제는 그리 새로운 것은 아니지만, 증강 테크놀로지 기반 학습 모델에서 모색하는 해결책은 새롭고 매우 흥미롭다. 실제로 가장 흥미로운 미래 교직 디자인 모델 적용 사례가 바로 테크놀로지를 적극 활용한 개별 맞춤형 수학 수업 사례이기도 하다. 이 사례에서 교육자 팀은 온라인 및 증강 인공지능 프로그램을 활용하여 학생들의 수학적 이해의 격차를 메우고, 끊임없이 재구성되는 학생들에게 특정 수학 개념에 대한 소그룹 재교육을 실행했으며, 정규 학년 교육과정 내용뿐만 아니라 협력적 학습 내용과 심화 단계의 문제 기반 학습 내용을 또 다른 팀의 교육자들과 협업하고 병행해 지도하였다.

테크놀로지를 활용하면 교육자 팀은 능력별 수준별 반 편성, 그룹 편성이라는 오해와 함정은 피하면서도 개별 학생에게 더 효과적으로 개인화된 학습을 제공할 수 있다는 장점이 있다. 온라인 및 인공지능 기술은 학생들의 개인화 및 심층 학습을 지원할 뿐만 아니라 학습 랩(Lab) 담당자, 데이터 분석가 또는 소그룹 튜터와 같은 새로운 교육자 역할을 창출하기도 한다. 예를 들어, 이 새로운 교육자들은 학생들이 자기 주도형 온라인 학습을 할 때 특정 학습 내용에서 반복적으로 실패하고 헤맬 때 적시에 도움을 줄 수 있고, 또 자칫 주의력을 잃을 때 학습 동기를 지속적으로 부여해 주기도 한다. 또 이 접근방식으로 학생과 핵심 팀의 정규 교사와 학생이 진도에 대해 더 효과적으로 소통할 수 있도록 매개해 주는 보조교사의 도움을 받을 수도 있다. 이들은 자격증을 갖춘 정규 교사가 아닌 전문적인 훈련을 받은 보조교사나 지역사회 교육자들로 구성된다. 비유하자면 이 교육자들의 역할은 자격증을 갖춘 전문 교사보다는 훌륭한 유소년 축구 코치와 더 가까울 것이다.

테크놀로지는 또한 일반 교사의 새로운 역할을 창출하는 데에도 도움이 된다. 우선 교사들은 학생의 학업 성취도에 대한 데이터를 더욱 풍부하게 이해하고 분석하기 위해 더 충분한 시간을 할애할 수 있다. 팀 접근하에서는 이러한 데이터 분석은 모두 다 개별적으로 할 필요가 없고, 한 팀원이 분담하여 전담할 수 있다. 즉 고도화된 테크놀로지 덕분에 다양한 콘텐츠 영역에 걸친 데이터 피드를 한 교사가 전담하여 분석할 수 있으므로, 다른 팀원 교사들은 다양한 규모의 소그룹 활동 또는 학생과의 개별 지도 시간을 더 확보할 수 있다. 특히 데이터 작업을 좋아하는 교사라면 본인이 원하는 일을 하고, 또 자기가 원하는 일을 함으로써 다른 팀 내 교사들이 좀 더 다양하고 의미 있는 활동에 집중할 수 있도록 지원하는 이와 같은 호혜적인 업무 처리 방식이 매우 매력적으로 느껴질 수 있다.

학생과 교육자를 연결하는
테크놀로지

안타깝게도 훌륭한 교육자가 교육 현장에 고르게 퍼져 있지는 않다. 시골 학교의 물리 교사든 대도시의 독서 교사든, 학교는 적시에 적절한 학생과 적절한 교육자를 확보해야 하는 끊임없는 과제에 직면해 있다. 테크놀로지는 이 문제를 해결하는 데 도움이 될 수 있다. 테크놀로지는 새롭고 다양한 방식으로 교육자를 학생들 가까이에 배치하는 데 도움이 될 뿐만 아니라, 지난 2세기 동안 근무 방식에 있어서는 유연성을 찾기 힘들었던 환경에서부터 벗어나 좀 더 유연한 근무 환경과 조건을 교사들에게 제공할 수 있다.

또한 테크놀로지는 지역사회 교육자가 학습자에게 다가갈 수 있는 더 많은 가능성을 열어주기도 한다. 학교가 지역사회 교육자를 팀에 통합하는 데 있어 직면하는 큰 어려움 중 하나는 비용의 문제이다. 이들은 자신들의 업무 일정에서 학습자들과 함께 일할 일정을 확보하는 것도 만만치 않다. 그런데다 운전하고, 주차하고, 학교 건물과 교실을 찾아가고, 마치고 다시 집이나 직장으로 돌아갈 시간을 확보하는 것은 쉬운 일이 아니다. 테크놀로지는 지역사회 교육자가 학생들을 지원하기 위해 팀에 합류하는 데 필요한 에너지와 비용을 낮춰 접근성을 높이는 데 도움이 된다.

또한 기술은 학생들이 다른 방법으로는 만날 수 없는 전문교육자를 만날 수 있게 해 준다. 예를 들어 소규모 시골 학교에서 비용 때문에 편성하기 어려운 물리 과목의 경우, 원격 수업을 활용하면, 학생들에게 유능한 물리교사의 질 높은 수업 콘텐츠를 좀 더 경제적으로 제공할 수 있다.

또한 자기 주도 학습 시간을 일과 시간에 포함시켜 학생들이 개인별 관심사에 맞는 다양한 주제를 탐구할 수 있도록 하는 방법도 고려할 수 있다. 교사가 아닌 이들로부터 배운다는 것이 그렇게 새로운 아이디어인 것은 아니지만, 테크놀로지의 발전과 이로 인한 학습 시간, 공간, 그리고 방법에 대한 인식과 패러다임 변화 덕분에 과거에 비해 다양한 자원 인사들로부터 학습할 수 있는 접근성이 증가하고 이를 위한 시도가 훨씬 더 쉬워졌고, 그 내용이나 질도 훨씬 더 좋아졌다.

마지막으로, 테크놀로지는 교사의 업무 수행과 역할에 절실히 요구되는 유연성을 제공할 수 있다. 4명의 교사가 100명의 학생을 가르치는 한 팀을 상상해 보라. 이 팀의 교사가 각각 일주일에 하루씩 재택근무를 할 수 있다면 어떨까? 하루의 절반은 테크놀로지를 활용하여 개인 또는 소규모 교사 공동체나 그룹과 협의하는 데 사용할 수 있다. 나머지 절반은 수업 준비나 평가에 사용할 수 있다. 또한 진료 일정을 잡거나 다른 개인적인 업무를 처리할 필요가 있는 경우에도 유용하게 사용할 수 있다.

어떤 이들에게는 이 아이디어가 낯설게 들릴 수도 있다. 하지만 펜실베이니아대학교 와튼 경영대학원의 피터 카펠리(Peter Cappelli)가 주장한 것처럼, 이제는 변화하는 일의 세계와 이에 수반되는 변화된 업무 수행 방식, 그리고 관계 맺고 상호작용하는 양식의 변화를 인정해야 한다.[27] 교사가 되어 '근무 시간'에 업무를 수행해 본 경험이 있는 사람이라면 누구든 이것이 어떤 의미인지를 잘 이해할 수 있을 것이다. 교직을 전문

---

27   Cappelli (2021).

화하고, 교사를 신뢰하며, 교사가 정말 원하는 직업이 되도록 교직을 변화시키는 것에 진심이라면, 교사의 업무와 일하는 방식을 새롭게 디자인하는 데 보다 창의적이고 더욱 인간 중심적인 접근을 할 필요가 있다. 테크놀로지는 이를 실천하는 데 기여한다고 하겠다.

결론

개인화 학습과 심층 학습은 서로 다른 개념이라고 볼 수도 있지만, 기본적인 기술을 배우든 고도의 사고가 필요한 수준 높은 지식을 배우든, 공통적으로 학생들에게 더 풍부한 학습 경험을 제공하기 위해 병행하여 시너지 효과를 낸다고 할 수 있다. 본질적으로 개인화된 학습은 심층 학습을 위한 더 많은 기회를 제공한다.

개인화는 상황적인 맥락과 개인의 배경 및 경험(예: 문화적으로 관련이 있고 발달에 적합한)을 고려한다. 심층 학습은 학생이 특정 주제나 개념을 학습해야 하는 이유를 이해하는 데 필요한 응용이 될 만한 사례나, 문제 해결 과제 또는 기타 유용한 기술을 획득하는 유용한 방법을 제공해 줄 수 있다. 또한 심층 학습은 경험에 개인적으로 의미를 부여하는 데 도움이 될 수 있다. 학생들은 다양한 관점에서 더욱 거시적인 질문과 구체적인 문제에 접근할 수 있으므로, 평소에 생각해 보지 못한 새로운 관심과 열정을 발견할 수 있고, 또 이를 계기로 새로운 학문 분야에 관한 관심과 흥미를 발전시킬 수 있다.

요컨대, 팀 기반 교육 인력 모델은 일반적인 1교사-1학급 모델보다 개인화 학습과 심층 학습 모두에 도움이 될 수 있다. 팀 기반 모델은 더 높은 전문성, 관점, 창의성을 학습 환경 속으로 끌어들임으로써 모든 학생에게 더 깊이 있고 개인화된 학습 경험을 제공할 수 있다. 인공지능 테크놀로지는 최근에 기술적 측면만 아니라 사회 윤리적 차원에서도 큰 진전을 이루었다. 이러한 테크놀로지의 괄목할 만한 진전에 힘입어 학습 콘텐츠의 효과적 전달, 다양한 교육 인력들에 대한 학교로의 접근성 확대, 교사들의 업무 유연성 증진 등과 같은 의미 있는 교육적 시도들이 조속한 시일 내에 현실화할 수 있을 것이다.

4장　　미래 교원과 교육지원요원의 양성

1980년대와 1990년대에는 학교가 교사를 영입하고 유지하는 데 겪는 어려움과 관련한 많은 글이 쓰였다. 이 문제에 관심 있는 사람들은 교사의 경력 사다리, 급여 시스템, 진급을 통한 교직 유지와 관련된 요인을 조사했다. 학습자에게는 교사가 누구인지와 교사의 지속 여부가 매우 중요하다. 교사는 학생에 대해 가장 잘 아는 사람들이므로, 교사의 이동이 잦아지면 학습자의 강점, 관심사, 요구 사항을 다음 해까지 알고 있는 사람이 없어지기 때문이다.

안타깝게도 상황은 달라지지 않았다. 책임감이 높아짐에 따라 급여 체계는 학생의 성과와 고급 학위 취득을 포함한 전문성 개발 수준에 따라 보상해야 하는 과제를 안고 있다. 기회 문화 학교(Opportunity Culture Schools)[28]에서 볼 수 있는 특별 배정 교사, 부서장, 수업 코치 또는 다중 학급 리더와 같은 역할은 여전히 교육청에서 인기가 많다.

28　Hassel & Hassel (2021).

그러나 대부분의 경우, 교사가 교직에서 전직할 수 있는 여지는 많지 않다. 전직을 한다는 것은 학교 행정직으로 전환하거나 수업 역할에서 벗어나는 기회를 의미하는 경우가 많다. '상위(Advanced)' 역할을 맡으려면 교실을 완전히 떠나야 하는 교육 환경 내에서 전직할 수 있는 기회는 거의 없다. '팀 기반' 교원 배치 모델(team-based staffing models)에 대해 생각할 때, 우리는 사람들이 교직에 진입하는 방법과 전문성, 전직을 가능하게 하는 전문 분야의 종류, 팀 내에서 리더십을 발휘할 수 있는 기타 기회 등 교육자들이 교육 현장에 남아 있을 수 있는 모든 기회에 대해 고민하고 있다.

미래 교직 디자인의 새로운 종류의 역할에 대해 고민하기 위해 의료 분야를 살펴보자. 의료 분야에는 전문성에 부합하는 다양한 역할이 있다. 메이요 클리닉 병원(Mayo Clinic Hospital)에는 모든 응급실 공간에 "내 입원실에 누가 있나"라는 포스터가 붙어 있다〈그림 4.1〉. 이 포스터에는 정규 간호사(Registered Nurse), 응급 구조대원(Emergency Technicians), 응급 의사(Emergency Physicians), 호흡 치료사(Respiratory Therapists), 임상병리사(Laboratory Technicians), 약사 보조원(Pharmacy Technicians), 간호조무사(Nurse Aides), 방사선 기사(Radiology Technicians) 등 다양한 역할을 담당하는 사람들이 작은 사각형으로 표시되어 있으며, 모두 다른 색의 위생복을 입고 있어 어떤 역할을 하는지 쉽게 알 수 있다. 각자의 전문 분야가 있고 환자의 요구에 부응하기 위해 팀의 일원으로서 해야 할 역할이 있다.

내 입원실에 누가 있나?

정규간호사　　　　응급구조대　　　　환자수송인

응급의사　　　　방사선기사　　　　요양보호사

〈그림 4.1〉 메이요 병원 응급실 차트 예시.
(한 팀으로서 환자의 요구를 충족하는 의료진의 다양한 역할을 보여준다.)

어린 학습자를 가르치는 교육계 종사자라면 어느 정도의 전문지식과 일반적인 기술을 갖추고 있어야 한다. 일반적인 초등학교의 교사는 의료 분야처럼 전문성이나 차별점이 드러나지 않는다. 하지만 자세히 들여다보면 특수교육이나 제2외국어에 대한 교육 자격증을 소지한 교사도 종종 있다. 전직 엔지니어였던 중등 수학 교사는 엔지니어로서의 전문 경험이 있으나 이 전문지식을 학교에서 활용하기는 어렵다. 따라서 전문성을 갖고 있더라도 학교에서는 이를 활용하지 않게 된다. '1교사-1학급' 모델은 아쉽게도 실제로 교육자가 자신의 모든 역량을 펼치는 데 한계가 있다.

교육자는 특정 범위의 전문 기술만을 보유하고 해당 영역에서만 일해야 하는 것은 아니다. 우리가 말하고 싶은 것은 정규 교원이 탄탄한 기본 지식과 기술을 갖추는 것 외에도 교육전문가가 될 수 있는 능력과 허가, 그리고 전문성을 갖출 수 있도록 독려를 받아야 한다는 것이다.

교육자들이 교직에 흥미를 느끼고 직업을 유지하게 하려면 교육계에 진입할 수 있는 더 많은 방법, 교육계에 계속 머무를 수 있는 더 많은 인센티브, 교육계에서 진급할 수 있는 더 많은 경로를 만들어야 한다. 이는 정규 교원(Professional Educators)과 지도자뿐만 아니라 지역사회 교육자(Community Educators) 및 보조 교육자(Para-educators)로서 지원 역할을 하는 사람들에게도 해당한다. 그래서 이 장에서는 교육자가 직업에 진입하고, 전문화하고, 발전할 수 있도록 더 나은 방법을 모색하여 본다.

교직에 진입하기

교육자들은 다양한 방식으로 교직에 입문한다. 인생의 여러 시점에서 다양한 경로를 통해 교직에 입문하는 것이다. 대부분의 교사들은 20대 초반에 교대 및 사범대에서 교원 양성 과정을 이수하고 관련 학위 및 자격증을 취득하여 교사로 임용된다. 대다수의 교사는 이 경로를 택하고 있다. 또 다른 20대의 교사들은 역사나 생물학과 같은 과목을 전공하고 막 졸업했지만 교직 이수와 같은 대안적인 경로를 통해 교사가 되기를 희망한다.

그리고 법률, 공학, 회계 등 전문적이고 기술적인 분야에서 경력을 쌓은 경력 전환자(career changers)들도 있는데, 이들은 레지던트 프로그램(residency program)에 참여하여 멘토 교사와 함께 일하거나 학급을 담당할 수 있다. 수년간 학교에서 근무하며 교육학 학위를 취득하기 위해 노력하는 보조교사(Para-educators)도 존재한다. 보조교사는 업무와 개인 일정에 맞는 프로그램을 찾아야 하는 경우가 많다.

정규 교원(Professional Educators)으로의 입문

교직에 입문하기 위한 다양한 방법이 있다. 대부분의 주(States)에서 이러한 모든 방법이 허용되고는 있지만 우려되는 부분은 존재한다. 교원 양성 과정의 질은 편차가 있으며, 교실에 배치되었으나 몇 주 안에 교단을 떠나는 좋지 않은 결과도 있다. 때때로 교원 양성 과정의 형식이 학습자의 실제 삶과 잘 맞지 않은 경우도 있다. 예를 들어, 보조교사가 교원 양성 과정의 일부인 현장 실습을 이수하기 위해서는 원래의 직업을 그만두어야 하는 것이다.

교직에 입직하는 방법은 이미 여러 가지 방법이 있으나, 더 나은 방법에 대한 고민이 필요하다. 학교는 초임 교사가 홀로 교실에서 견디고 버

려내도록 둘 것이 아니라 성공과 발전을 위한 전문적인 지원과 기회를 제공하는 팀의 일원으로 교직에 들어설 수 있게 해야 한다.

일반적인 '1교사-1학급' 모델에서는 '팀 기반' 교육(Team-based induction)은 상상하기 어렵다. 다른 직업에서 교직으로 이직하는 교사들은 이전 직업에서의 다양한 경험을 가지고 있을 수 있지만, 현재의 규범 속에서 학교는 이러한 경험이 교육 현장에 도움이 되는 방법을 고려하지 않는다. 현재의 교직원 채용 모델은 교육청과 관리자가 현장의 빈 자리를 채우는 데에만 집중되어 있다. 특히 기초소양교육과 관련한 보조교사 역할의 경우, 최소한의 기준만 충족하면 쉽게 채용될 수 있다.

학교는 다양한 배경을 가진 교육자를 다양한 방식으로 배치할 수 있는 기회가 있음에도 불구하고 초임 교사(novice widgets를 의역)로만 배치한다. 레지던트, 대체 자격증 취득 과정(alternative certification pathways) 또는 교사가 되기 위한 보조교사 프로그램(paraeducator-to-teacher)을 이수하면 초임 교사로 분류되지만, 이들이 모두 같은 교사는 아니다. 시작점 뿐만 아니라 경험, 전문성, 기술, 관점도 모두 다르다. 이들을 한 교실에 배치하여 일부 학생만 혜택을 받거나 불이익을 받아서는 안 된다(과거에도 그랬지만).

지역사회 교육자(Community Educators)로서의 입문

다양한 진로 교육을 위해 산업계와 고등 교육 분야의 전문가가 필요하다. 늘어나는 정신 건강 및 정서적 문제를 해결하기 위해 교사가 갖추지 못한 전문지식이 필요하다. 학습의 불평등한 격차를 해결하기 위해 소그룹 교육, 과외, 멘토 등이 필요하다. 이 모든 것이 기존의 틀 안에서 이루어질 수는 없다. 게다가 학교 밖 교육에 관한 관심이 증가하면서, 지역사회에서 운영하는 차터 스쿨(community-run charter schools), 공부방(pods), 홈스쿨 협동조합(homeschool co-ops), 마이크로 스쿨(micro schools)은 학생들과 상호작용하기 위한 교육을 받지는 않았지만, 재능을 가진 사람들에게 크게 의존하거나 그들에 의해 운영된다. 이는 지역사회의 새로운 인재를 발굴할 수 있는 방법이라고 해도 이러한 사람들이 성공하기 위해서는 도움이 필요하다.

또한 학교에서 일하고 싶은 청소년 및 성년의 자원봉사자도 있다. 이들은 교원 양성 과정을 이수할 수 없거나 이수할 여력이 없다. 또는 다른 직업이 있기 때문에 학교에서 풀타임으로 일할 수 없는 경우도 있다. 이들은 교육학에 대한 전문적인 배경지식이 없다고 느낄 수도 있지만, 학생들이 깊이 있는 개별 학습을 경험할 수 있도록 도움을 줄 수 있다. 현재의 규범적 모델에서는 자원봉사자가 학교에 오더라도 한 교실에서만 활동하는데, 그 교실의 학생 집단이 자원봉사자가 가진 지식과 경험에 부합하는 집단이 아닐 수도 있게 된다.

미래 교직 디자인 모델에서는 지역사회 교육자가 팀에 배치되어 학교 안팎(예: 비영리 단체, 이웃, 공부방, 마이크로 스쿨)에서 자신의 지식과 전문성에 맞는 학생 집단과 연결된다. 이를 성공적으로 수행하기 위해 학교는 관련성이 높고 적용이 가능한 교육적 지식과 기술을 습득할 수 있는 방법을 구축해야 한다.

이는 교육청, 비영리 단체, 교육대학 등에서 다른 유형의 교육자에게 콘텐츠를 개방하는 경우에 가능할 것이다. 교육청이나 교원 양성 과정이 기초적인 교육학 지식을 제공할 수 있다면 학습 콘텐츠 전문가, 학습 콘텐츠 지원 또는 사회 정서적 지원으로서 교육을 보완하여 학습자와 정규 교원을 보조할 수 있다. 그러나 가장 유익한 효과를 얻으려면 적절한 양질의 교육이 필요하다.

교육학 지식을 갖춘 지역사회 교육자는 초임 교사 및 정규 교원과 협력, 지원 또는 팀을 구성하여 학습 단원을 설계하거나 수업의 핵심 콘텐츠를 가르침으로써 학생의 심층 학습을 도울 수 있다. 또한 지역사회 교육자는 튜터로서 학생의 학습을 맞춤화하거나 견습생의 멘토 역할을 할 수도 있다. 이런 방법으로 교직에 진입한 사람들 중 일부는 정규 교원으로 나아갈 수도 있다.

따라서 교직을 희망하는 사람이 교직으로 진입할 수 있는 더 좋은 방법을 찾아 유도해야 한다. 다른 직업에서 교직으로 입문하려는 사람들이 어려움을 느끼지 않도록 지원해야 한다. 학위를 마칠 기회가 없었던 보조교사에게 재정적 지원과 학업 지원을 제공해야 한다. 그리고 학위를 받고 교육에 대한 사명감이 있는 사람들을 데려오되, 교실에서 일어나는 일을 홀로 책임지게 해서는 안 된다.

교육 분야(Educations Field)의 전문성

분산된 전문성(Distributed Expertise)을 가진 팀의 핵심은 팀 구성원 각자의 전문성이다. 교사, 보조교사, 지역사회 교육자 등 모든 교육자가 학교 안팎에서 쌓은 사전 경험이나 학문적 또는 전문적 학습을 통해 얻은 지식을 교육 현장에 적용할 수 있음을 인정해야 한다. 단순히 공석을 채우기 위한 채용(staffing decision)은 그만두어야 한다. 학생의 요구 사항, 교육과정의 요구 사항, 이미 교육 현장에서 일하고 있는 교육자의 전문 분야 등을 살펴서 결정해야 한다.

정규 교원(Professional Educators)으로서의 전문성

일부 교육기관에 따라 교사 양성 과정 중 단일 학위(예: 초등/특수교육 및 유아/제2외국어로서의 영어)로 이중 자격증을 취득할(a dual certification in a single degree) 수 있다. 중등 교사 양성 과정에서는 더욱 가능한데, 교과 내용의 요구(content requirements) 때문에 예비 교사의 철저한 사전 계획이 필요하기 때문이다. 교원 양성 과정에서 전공 선택 학점이 있는 경우는 드물며 프로그램은 처방적(prescriptive)이라 예비 교사가 제시할 수 있는 의견이나 선택의 여지는 없다.

이제 이렇게 생각해 보는 것은 어떨까? 우리는 다양한 자격증과 인증 분야가 있음을 알고 있다. 교사들도 신규부터 전문가에 이르기까지 전문 교육과 수업을 특화할 수 있는 기회가 있다면 어떨까? 초기 직업 전문 교육이 필연적으로 석사 학위로 이어지는 것이 아닌 트라우마 기반 학습(Trauma-informed learning), 데이터 리터러시(Data Literacy), 컴퓨터 과학(Computer Science) 또는 문제 기반 학습(Problem-based learning)과 같은 주제 영역에 대한 심도 있는 지식을 제공한다면 어떨까?

이러한 전문 분야에 대한 학습 과정은 팀이 다양한 방식으로 전문성 및 지식과 기술을 넓히는 데 도움이 될 수 있으며, 신규와 숙련된 교사 모두에게 자신의 차별성을 갖출 기회가 될 것이다. 이러한 과정을 통해 교육자는 학생들의 학습 요구를 충족하는 동시에 자신의 전문적 호기심과 성장을 촉진하며 수업을 심도 깊게 발전시킬 수 있다. 석사 학위 및 정교사 자격증과 같은 기타 고급 전문 자격증으로 이어지는 전문 학습은 교육자에게 팀을 강화하는 기술과 역량 중심의 실행학습으로 구성될 수 있다.

학교와 교육청(school system)의 성과를 향상하기 위해 팀 간 협력을 희망하는 경우, 전문 교육이 추가로 설계될 수 있다. 교육청은 STEM, 데이터 리터러시, 트라우마에 기반한 교육 및 학습, 각 팀의 학생 기타 주요 요구 사항을 전문으로 다루는 학교 간 교육 코치와 같은 새로운 역할을 창출할 수 있다. 교육전문가(Cadre of Specialists를 의역)들은 도움이 절실히 필요한 분야의 교사 팀을 지원함으로써 학교가 학생의 요구를 충족하는 방식의 구조와 체계를 변화시킨다. 이를 위해서는 자체적으로 전문화 과정을 구축하거나 지역의 교원 양성기관(local teacher preparation program provider)과의 협력이 필요하다.

보조교사(Paraeducators)로서의 전문성

보조교사는 전문성 있는 학습 환경을 갖출 수 있도록 보조해 왔다. 그러나 이제는 보조교사가 전문화된 역할을 수행할 수 있도록 준비시켜야 한다. 이러한 접근 방식은 다른 분야에서도 흔히 볼 수 있다. 예를 들어 법률 분야에서는 법률 보조원이 법인 법률, 유산 계획, 가정 법률과 같은 분야에 전문인이 될 수 있다. 의학 분야에서도 정맥 조영사, 의료 기록사, 환자 간호 기술자 등 의학 학위가 필요하지 않은 다양한 역할이 있다.

하지만 교육계에서 보조교사는 단순한 보조적(generalists를 의역)인 역할이었다. 전문적 지식 없이 특수교육 학생을 맡는 경우도 있고 교사가 원하지 않거나 시간이 부족해서 하지 못하는 잡무를 맡는 경우 등이 많았다. 그러나 전문 교육을 통해 팀 내에서 특정 역할을 맡을 수 있다. 역량을 쌓는 과정을 통해 더 많은 급여를 받을 수도 있다. 보조교사로서 진급할 수 있는 경로가 생기며, 직장을 그만두지 않고 수입을 포기하지 않아도 교원 자격증을 취득할 수도 있다.

직업적 발전

적절한 발전 기회가 주어지지 않는 직업은 좋은 직업이라고 할 수 없다. 건강한 직업은 전문가에게 직무와 관련한 유용한 지식을 전수하고, 새로운 역할과 책임을 맡을 수 있는 기회가 주어진다. 교육자에게 이러한 기회를 제공하지 못하는 근무 환경은 학습자의 요구를 충족시키지 못하고 교사를 붙잡는 데에도 실패할 것이다. 경력 1일 차와 경력 3,000일 차가 같은 직무를 수행하는 직업이 또 어디 있겠는가?

정규 교원(Professional Educators)의 역량 강화

이미 언급했듯이, 교육자가 교육 현장을 떠나지 않은 채 차별화된 책임을 맡고 더 많은 급여를 받을 수 있는 진급 기회는 거의 없다. 하지만 학교는 '팀 기반' 모델을 채택하여 이 현상을 바꿀 수 있다. 전문화를 통해 팀 내 교육 구성원에게 새로운 역할을 맡기는 것이다.

예를 들어 트라우마 기반 학습을 전문으로 하는 교사는 트라우마를 겪고 있는 학생이 학교 안팎으로 도움을 받을 수 있도록 지원하는 업무를 맡을 수 있다. 데이터 리터러시를 전문으로 하는 교사는 팀의 데이터를 관리하고 분석하는 업무를 맡을 수 있다. 교사가 고급 및 전문 자격증을 취득하면 담당 업무가 변경될 수 있으며, 여러 팀에서 일하게 되어 더 많은 학생의 전문적인 요구를 충족시키고 더 높은 급여를 받을 수 있다.

수학 교과 수석(math lead), 팀 수석(team lead), 멀티 팀 수석(multi-team lead) 또는 코치 등 새로운 종류의 리더십 직책이 생길 수도 있다. 교감 및 교장으로 진급하기 전에 리더십 역할과 책임을 수행할 기회를 제공한다면 교사와 학생 모두에게 도움이 될 것이다.

학교와 지역사회마다 요구 사항이 다르므로 맥락이 중요하다. 미래 교육 인력 구축(Next Education Workforce) 모델에서는 학생의 요구에 맞게 전문성 향상 기회를 가질 수 있다.

보조교사(Paraeducators)의 역량 강화

정규 교육을 받지 않은 보조교사라도 언어, 문화, 기술에 대한 전문지식을 가지고 있을 수 있다. 과거와 달리 팀 체제에서는 가치를 인정받으며 적절한 교육과 자격을 통해 역량을 함양하여 학생을 교육할 수 있다. 일반적으로 보조교사는 승진할 수 있는 여지가 많지 않다. 하지만 새로운 전문성 향상 기회를 이용한다면 보조교사는 차별화된 역할을 수행하고 학교 내 여러 팀에서 일할 수 있게 될 것이다.

그러기 위해서는 학교에서 인정하는 누적 가능한 자격증(stackable credentials)을 취득할 수 있어야 한다. 보조교사가 정규 교원으로 진입하는 방법에 대한 많은 논의가 이루어지고 있지만, 교원 양성 대학과 파트너십을 통해 체계적으로 실행되는 경우는 드물다.

교원 수급과 전문성 함양을 위한 교육 방법을 고민할 때, 보조교사가 지닌 풍부한 현장 경험을 인정하는 방안을 고안해야 한다. 누적이 가능한 자격증을 취득하는 것이 더 쉬워져야 한다. 보조교사는 연수생, 학습 촉진자, 학습 보조 등 승진의 기회로 이어질 수 있는 자격증을 쌓을 수 있어야 한다. 또한 보조교사는 팀에서 특정 업무를 맡아 모든 교원 양성 프로그램의 현장 실습 경험을 쌓아야 한다. 그리고 이를 통해 정규 교원이 되기 위한 과정을 진행하면서 급여를 계속 받을 수 있어야 할 것이다.

지역사회 교육자(Community Educators)의 역량 강화

자원봉사자, 튜터 및 지역사회 구성원에게 작은 역할을 제공하면 더 많은 사람들이 학교와 학습자가 필요로 하는 의미 있는 역할을 할 수 있는 동시에 더 많은 사람들이 '가르침에 도전'할 수 있다. 우리 지역의 대학생이나 은퇴자가 포함된 지역사회 구성원들은 자원봉사자나 인턴이 되어 교육 봉사를 한다. 이들의 역할은 매우 중요하지만, 자격을 취득할 수 있는 교육을 받지 못하거나 역량을 입증할 기회 없이 봉사로 그치는 경우가 많다. 적절한 종류의 교육은 유용하며, 또 더 많은 사람들을 교직으로 이끌 수 있을 것이다.

결론

교육계는 누가 교직에 진입할 것인지, 어떤 기술과 경험을 갖추고 있는지, 학습자를 위한 팀에서 어떤 역할을 할 수 있는지 전략적으로 더 많은 고민을 해야 한다. 학부모의 입장에서는, 혁신적인 실천과 아이디어를 떠올리는 갓 졸업한 신규 교사, 학생의 요구와 관련된 특정 영역에 전문적인 경험을 가진 경력 교사, 비즈니스 분야에서 적용할 수 있는 충분한 지식을 갖춘 교사 등을 포함한 모든 교사를 원한다.

우리는 이 모든 사람들을 교직에 유치하기를 원한다. 그러기 위해서는 교육청이 명확한 임용 경로를 열어주어야 한다. 교육에 관심이 있는 사람은 지역사회 교육자(community educator), 준전문가(paraprofessional) 또는 학부 및 대학원 수준의 인증 프로그램(certification programs)을 통해 다양한 진입점을 가질 수 있어야 한다. 진입 경로와 프로그램은 수요자 중심(accessible-on-demand), 수용 가능한 학습량(bite-sized learning), 쌓을 수 있는 자격 증명(stackable credentials), 유연한 경험(flexible experiences)을 제공하여 접근성을 높여야 한다.

하지만 다양한 진입점과 접근성만으로는 충분하지 않다. 교육자는 전문가로서 대우받아야 한다. 전문성을 갖추면 그에게 맞게 기회와 책임, 인센티브가 증가해야 한다. 학생에게 양질의 교육을 제공하기 위한 맞춤형 전문 교육을 받을 기회와, 가치 있고 존중받는 방식으로 성장할 수 있는 여지가 있다고 느낄 수 있는 임용 기회가 주어져야 한다.

5장   미래 교직과 공정성

학습자와 교사 모두에게 더 공평한 결과를 보장하고 환경을 조성하는 일은 쉬운 일이 아니다. 학교만으로는 모든 사회적 및 가정적 장벽을 극복할 수 없으므로, 우리는 더 나아가야 한다. 개별의 학생에게 다가갈 수 있는 효과적인 방법을 찾고, 학교와 교실을 지역사회 서비스 및 지원과 더욱 밀접한 관계를 맺을 수 있도록 개방하고, 학생의 가정과 문화적 맥락을 잘 아는 지역사회 구성원이 의미 있는 가르침을 주는 역할을 할 수 있는 여건을 조성해야 한다. 이렇게 하지 않으면 현재의 수준을 뛰어넘기 어려울 것이다.

미래 교직 디자인 모델을 구축하는 과정에서 구조적, 시스템적 공정성은 지속적으로 고려되어야 한다. 이론적 배경을 위해 엘레나 아길라(Elena Aguilar)의 공정성에 대한 정의를 다음과 같이 인용한다:

"출신 지역, 외모, 부모가 누구인지, 기질이 어떤지, 알고 있거나 모르는 것이 무엇인지와는 관계 없이 모든 어린이가 학교에서 필요한 것을 얻습니다. 모든 어린이는 대학 진학 또는 취직에 필요한 지식과 기술을 개발할 수 있도록 매일 지원을 받습니다."[29]

공정성은 커리큘럼, 표준, 평가 또는 인적 자본에 대한 사일로화된 개혁(siloed reforms: 외부와 단절된 장벽이나 이기주의)을 통해 달성할 수 있는 것이 아니다. 그보다는 상당한 구조적, 시스템적 변화가 필요하다. 미래 교직 디자인 모델은 학습 경험, 역할과 책임, 역할을 행하는 방식, 각자의 역할을 다하면서도 함께 일하는 방식을 변화시키며 공정성을 갖추는 데 중요한 역할을 할 것이다.

분산된 전문성(Distributed Expertise)을 갖춘 교육자 팀과 공정성에 대한 고찰

분산된 전문성을 갖는 팀의 핵심 전제는 지금 세대의 학습자들이 더욱 다양한 교육자 집단에 둘러싸여 있다는 것이다. 따라서, 교육자는 "학습자, 가족 및 이들을 둘러싼 지역사회를 대표하여 문화적으로 관련 있는 학습을 가능"하게 해야 한다.[30] 교육자 팀이 학생들에게 선도적인 교사들을 주목하게 하고, 가족과 지역사회를 대표하는 교육자를 만날 수 있는 기회를 늘리고 사회적 자본을 늘릴 수 있는 성인에 대한 접근성을 높이는 구조를 만들어 공정성에 접근할 수 있을 것이다.

---

29   Aguliar (2013,para.3).

30   AASA (2021,p.8).

학습자, 가족 및 커뮤니티의 대표성을
지원하는 교육자 팀

국가 인구 통계를 통해 교육 인력의 다양성 부족과 관련한 사례를 확인할 수 있다. 교육자의 다양성 부족은 미국 사회가 안고 있는 많은 구조적 불평등 현상 중 하나이며, 미래 교직 디자인 모델이 만병통치약은 아니다.

초중고 학생의 50% 이상이 유색인종 학생인 반면, 교직원은 79%가 백인으로 이루어져 있다. 실제로 학생의 대다수가 백인이 아닌 학교에서도 교사의 대다수는 백인이다. 그러나 교사와 학생의 인종이 일치하면 학생의 학업 성취도에 긍정적인 영향을 미친다는 연구 결과가 점점 증가하고 있다(NASEM, 2019). 이 장의 뒷부분에서 다룰 다양성 부족과 관련한 문제는 교직 진입 장벽으로 인한 현상이다. 미래 교육 인력 팀은 상황을 뒤집어 유색인종 학생이 유색인종 교육자를 만날 기회를 늘릴 수 있다. 앞에서 보았듯 연구 결과는 학생에게 유색인종 교육자가 이점이 될 수 있음을 시사한다.[31]

미래 교직 디자인 모델을 시행한다고 해서 교육 인력의 통계가 하룻밤 만에 바뀌지는 않을 것이다. 팀 구성원들은 소수의 학생에게 부정적인 영향을 미치는 불평등한 관행, 태도 또는 성향에 대해 책임질 수 있는 문화를 구축해야 한다. 이는 팀원 한 명, 특히 유색인종 팀원의 단독 책임이 되어서는 안 된다.

대신에 교육자 자신의 개인적 및 직업적 정체성을 강조하며, 이러한

---

31   Carver-Thomas (2018).

정체성이 학생과 어떻게 관련되며, 윤리적으로 협력하는 방법에 대해 솔직하고 신뢰를 쌓을 수 있는 행동 지향적인 대화를 나누어야 한다.[32] 교육 현장에 있는 현직 교사는 자신과 다른 배경을 가진 학생들에게 상처가 되었을 수도 있었던 지식, 배경, 신념에 대한 자아 성찰이 필요하다. 신뢰가 존재할 때 서로의 편견이 완화할 것이다.

파이프라인을 개발하고 새로운 경로를 설계하는 데 더 오랜 시간이 걸리더라도, 미래 교직 디자인을 통해 보다 구체적인 방법으로 다양한 인력을 확보할 수 있다. 하지만 앞에서 언급한 대로 교육 인력은 다양한 산업 기반 경험이 다양하지 않거나 있는 경험마저 제대로 활용하지 못하고 있다.

팀은 지역사회 구성원이 미을교육공동체로서 교실에 들어올 수 있는 기회를 제공한다. 학생들과 인종적-민족적 정체성을 공유할 수도 있고 공유하지 않을 수도 있지만, 지역사회에 존재하는 다른 정체성을 공유하는 지역사회 교육자는 읽기, 수학 또는 기타 과목의 학습 촉진자(learning accelerators) 역할을 하면서 개별 심화학습 경험(deepen and personalize learning experiences)을 제공하며 학생들의 사회적 자본을 구축하는 데도 도움이 될 수 있다.

교육자 팀으로 학생들의 사회적 자본 구축의 지원

마흐나즈 카라니아(Mahnaz Charania)와 줄리아 피셔(Julia Freedland

---

32   Boveda & Weinberg (2020).

Fisher)는 사회적 자본을 "학생들이 자신의 잠재력과 목표를 발전시키는 데 도움이 되는 관계에 접근하고 이를 활용할 수 있는 능력"으로 정의하고, 학생들의 사회적 자본을 구축하는 것이 "공정성의 필수 요소"가 되는 여러 가지 이유를 열거한다.[33] 이전 장에서 언급한 대로, 학생들을 사회적 자본을 구축하는 데 미래 교육 인력 구축 시스템을(Next Education Workforce)을 적용하면 학생들이 활용할 수 있는 관계의 양과 질이 모두 증가한다. 미래 교육 인력 구축(Next Education Workforce) 모델을 적용하면 더 많은 교사가 '교실'에서 일에 종사할 수 있다. 유치원 수석 교사는 '팀 기반' 접근 방식을 통해 교육자가 "느긋하게 학생을 더 많이 알 수 있다"라고 덧붙였다.

지역사회 교육자는 교육 현장에 추가적인 역량, 통찰력, 전문성을 제공하는 지역사회의 재능 있는 성인이다. 피터 스케일스, 에슐리 보트, 피터 페켈 (Peter Scales, Ashley Boat, Kent Pekel)은 『청소년을 위한 사회적 자본 정의 및 측정: 자원이 풍부한 관계에 관한 문헌의 실제적 검토 (Defining and Measuring Social Capital for Young People: A Practical Review of the Literature on Resource-full Relationships)』에서 다음과 같이 서술했다.

궁극적으로 제도적 배제, 인종차별, 성차별 등의 차별이 존재하는 사회에서 역사적으로 편견에 시달렸던 청소년들이 성공하는 데 도움이 되는 사회적 자본에는 '수평적(linking)'인 사회적 자본이 포함되어야 한다. 월드 뱅크 연구원은 이를 보다 '수직적(vertical)'인 연결로 보았다. 권력과 지배의 불평등한 관계를 통해 실현되는 자원으로, 특히 권위 있는

---

33 Charania & Fisher (2020).

위치의 사람들과의 관계를 통해 실현되는 자원으로 해석하였다.[34]

지역사회 교육자를 팀의 일원으로 포함시키면 학생들에게 '수평적 (linking)' 사회적 자본을 제공할 수 있는 잠재력을 갖게 된다.

개별 심화학습을 통한
공정성에 대한 고찰

개별 심화학습이 학생들의 긍정적인 결과를 불러온다는 연구 결과가 있다. 그러나 더 깊이 있고 개별 학습 기회에 대한 접근은 학교의 인력과 구조와 직접적인 관련이 있으며 영향을 준다. 모든 학생이 학업 성취도에 관계 없이 참여하는 것이 중요하다. 기존 접근 방식에서는 학습자의 새로운 기술 수준이 '표준'과 다르다는 이유로 선별되었다면 이제는 그렇게 하지 않게 하기 위한 팀의 책임이 있다. '팀 기반' 접근 방식은 학생들이 다양한 교과 및 교육 방법에 대한 접근성을 넓힐 수 있다.

개별 심화학습에 대한 기회는 숙련된 교사의 경험과 개별 심화학습을 위한 교육 방법의 준비와 관련 있다. 빈곤층이 많은 학교는 경험이 적은 교사의 비율이 불균형적으로 높으며 성적이 낮은 졸업생을 교사로 채용해 왔다. 저소득층이 많은 학교의 학생들은 문제 해결 활동에 참여할 수 있는 커리큘럼과 학습 기회가 적다. 숙련된 교사와 초임 교사, 그리고 전문지식을 제공할 수 있는 교사 모두가 포함된 팀을 구성하면 문제를 일부 감소시키고 심도 있는 교육에 필요한 인적 자본을 제공할

---

34 McCardle (2020).

수 있다.

기술의 발달로 맞춤형 개별 학습에 대한 접근성이 높아졌지만, 개별 학습은 근본적으로 학생과 관계를 맺어 학문과 인성을 가르치는 선도적인 교육자가 필요하다. 각기 다른 배경과 능력을 가진 학생들은 개인 작업과 협업 두 가지 방식을 모두 사용하여 효과적으로 그룹 과제를 수행하고 문제를 해결한다. 전문 교사, 보조교사, 지역사회 교육자를 포함한 다양한 교육자 인력은 문화적인 배경과 관계없이 학생 참여도를 높이는 지속적인 교육을 제공하여 학생의 요구를 충족하는 맞춤형 학습을 실현할 수 있다.

차등적 학교 시스템 구성 해제(Detracking the System)

사회와 교육청은 학생의 능력과 성적에 따라 수준별로 학급을 편성(예: 우등반과 일반반, 보충반)하여 개별 학생의 요구를 충족하고자 하였다. 전통적인 인력 배치 모델에서 수준별 학급은 차등의 양과 유형을 줄이는 것을 목표로 한다. 이러한 제도에서 수준별 학급은 학급 내 학업 성취도의 범위를 줄이고 차별화와 같은 어려운 일을 단일 교사가 쉽게 관리할 수 있게 한다. 이 시스템은 역사적으로 백인, 영재, 사회경제적 수준이 높은 학생에게 유리했으며, 특히 흑인, 라틴계 학생과 사회경제적 수준이 낮은 학생에게 불리하게 작용했다.[35]

수준별 학급 편성은 사회에서 표준으로 받아들여졌기에 의문을 제기하는 경우가 드물고, 의도치 않게 학생들의 일과를 정하는 방식이 되었

---

[35]   Batruch et al. (2018).

다. 예를 들어, 중학교 시간표에서 우등 과목 섹션 하나는 해당 학년의 모든 학생을 위한 수준별 학급을 편성한다.

수준별 학급을 편성하지 않는 것은 공평한 미래 교직 디자인 모델에서의 모든 학생에게 심층적인 학습 기회를 제공하기 위한 기본 요소이다. 교육자 팀이 함께 일하면 개별 학습자의 요구를 더 잘 충족시킬 수 있다. 팀은 학생의 요구를 평가하고 시간이 지남에 따라 학습자를 유연하게 그룹화할 수 있다. 교육자 팀은 수준별 학급 편성 대신 학생과 협력하여 학생의 관심사 같은 비학업적 데이터를 포함한 여러 데이터 스트림을 활용하는 맞춤형 학습 프로필을 개발할 수 있다.[36] 이러한 개인화된 프로필에는 학생에게 가장 적합한 학습 방식에 대한 세부 정보도 포함될 수 있다. 프로필의 공동 구축은 학생이 학습 경험에 대한 주체성을 지닐 수 있는 다양한 기회를 통합하여 문화적인 배경과 관계없는 교육을 할 수 있도록 교육자를 지원한다.

새롭고 더 나은 진입(New and Better Entry), 전문화(Specialization) 및 발전 경로(Advancement Pathways)를 통한 공정성(Equity)에 대한 고찰

예비 교육자가 교사라는 직업을 체험해 볼 수 있으며 위험 부담이 적은 기회는 반드시 필요하다. 한 가지 방법은 시간이나 비용 측면에서 진입 장벽이 낮은 새로운 역할을 만드는 것이다. 이렇게 하면 다양한 사람들이 정식 학위 과정이나 교원 양성 프로그램을 결정하기 전에 교직이

---

36 Pane et al.(2015).

자신에게 적합한지 알아볼 기회가 늘어날 것이다. 가능하면 새로운 역할에는 시간당 임금이 책정되어야 하며, 교직에서 수행할 수 있는 역할에 대한 다양한 인증서가 주어져야 한다. 이러한 역할은 고등학생, 학부모, 잠재적 경력 전환자(potential career switcher) 등 다양한 사람들에게 제공될 수 있다.

교사 양성 과정에서 유급 레지던트 기회를 제공하는 것도 다양성을 높이는 또 다른 방법이다. "초임 교사를 위한 지원과 도움은 교사의 헌신과 재임, 교사의 교실 교육 실천, 학생 성취도라는 세 가지 결과에 긍정적인 영향을 미친다"는 연구 결과가 있다.[37] 교수법과 교육학에 대해 더 많은 교육을 받은 신규 교사는 첫해 근무 후에도 교실에 남을 가능성이 훨씬 높다.[38] 또한 점점 더 많은 교육자가 사전교육이 적게 필요한 경로를 통해 진입하고 있으며, 이러한 방법으로 진입하는 교육자는 주로 유색인종 교사이다.[39]

높은 수준의 예비 교원 양성 과정 옵션(Higher-quality preservice training options)은 종종 참가자에게 상당한 기회비용을 부과한다. 풀타임 무급 레지던트 프로그램은 종종 직업을 가질 수 없거나 이미 꽉 찬 일정에 더해 기존의 직업을 유지해야 한다는 것을 의미한다. 따라서 높은 수준의 예비 교원 양성 프로그램 옵션은 레지던트를 수행하는 동안 수입을 올릴 필요가 없는 미래 교육자에게 편향되어 있다. 하지만 유급 레지던트 프로그램을 도입하면 이러한 불평등을 줄일 수 있으며, 저소득층도 높은 수준의 교원 양성 과정에 쉽게 도전할 수 있을 것이다.

---

37 Ingersoll & Strong (2011).

38 Ingersoll et al. (2014).

39 Carver-Thomas (2018).

직업의 발전과 전문화

자리에 앉아 있는 시간으로 평가하는 것이 아닌, 역량을 중심으로 구축된 진급 경로는 특정 역할을 성공적으로 수행하는 데 필요한 지식, 기술 및 성향에 대한 기대치를 낮추지 않으면서도 교육자의 경험을 중요하게 여긴다. 가족을 양육하거나 학급 보조교사로 일한 수년의 경험은 교육청이 중요하게 여기는 역량으로 이어져야 한다. 미국에는 약 130만 명의 교육을 보조하는 수업조교(teaching assistant)가 있으며[40], 평균적으로 유색인종 수업조교가 불균형적으로 많다는 점을 고려할 때, 진급하려는 사람들을 위해 보다 공평한 기회를 제공하는 것이 우선순위가 되어야 한다. 우리는 경험을 중시하고 교육 인력의 다양화를 추구하는 인적 자본 관리 시스템을 만들어야 한다. 이 다양화는 낮은 임금의 직책부터 교육자 역할 전체 스펙트럼에 걸쳐 이루어져야 하며, 실현하기 위해서 주의를 기울여야만 한다.

앞서 언급했듯이 유색인종 교육자들은 상대적으로 견고하지 않은 교원 양성 경로(less robust preservice pathway)(예: 대체 자격증)를 통해 교직에 진입하고 있으며, 데이터에 따르면 이러한 경로를 통해 진입한 교육자들은 교직을 떠날 가능성이 더 높다.[41] 궁극적으로는 유색인종 교육자들이 높은 수준의 사전교육 경로를 거쳐서 교직에 진입하는 기회를 더 많이 만드는 것이 가장 좋다.

교직으로 진입하기에 앞서 교직과 관련한 보호 시스템을 갖춘 경로를 제공한다면 견고하지 않은 경로를 통해 교직에 입문한 교사를 포함

---

40 Bureau of Labor Statistics, U.S.Department of Labor (2022).

41 Redding & Smith (2016).

한 모든 교사에게 도움이 될 것이다. 이렇게 하면 새로 임용된 교사는 자신이 성공할 수 있는 부분을 담당하고 시간이 지남에 따라 더 많은 책임을 맡을 수 있게 된다. 1년 차 교사가 경험이 많은 교육자와 함께 학생을 공유하는 '팀 기반' 모델은 신규 교사가 멘토링과 보호를 받으며 본인에게 맞는 역할을 수행할 수 있도록 돕는다.

'팀 기반' 모델은 유색인종 교육자가 백인 교육자보다 더 높은 비율로 교직을 떠나는 가장 큰 이유를 해결하는 데 도움이 될 수 있다. 교직에 입문하는 유색인종 교육자의 수는 시간이 지남에 따라 증가했지만, 백인 동료보다 20% 더 높은 비율로 교직을 그만두었다.[42] 유색인종 교육자가 교직을 떠나는 이유는 다양하지만, 가장 큰 이유로 꼽는 것은 직무 만족도이며, 특히 학교 운영 방식, 학생 평가 방법, 의사 결정에 대한 의견 부족, 교육에 대한 자율성 부족 등이 포함되어 있다.[43] 유색인종 교육자가 교직을 떠나는 비율과 관련된 이러한 모든 요인들은 미래 교직 디자인으로 어떤 식으로든 개선될 수 있다.

미래 교직 디자인이 유색인종 교사의 이직률을 낮추는 데 도움이 될 수 있을지에 대한 결론을 내리기는 아직 이르지만, 이 모델은 적어도 유색인종 교사가 스스로 교직을 떠나는 이유를 해결하기 위해 고안된 모델이다. 팀 수준에서 더 큰 자율성을 부여받고 심화학습과 개별 학습을 촉진하는 교육 모델을 실시함으로써, 학교는 잠재적으로 행정, 학생 평가 및 의사 결정 문제를 해결할 수 있을 것이다. 고급 수준 자격증의 발행을 재구성하고 비용을 낮추면 더 다양한 배경을 가진 교육자에게 진입 경로가 열릴 것이다.

---

42 Ingersoll et al. (2017).
43 Ingersoll et al. (2017).

대부분의 전문직 진급 제도는 일반적으로 석사 및 박사 학위 취득에 대한 보상을 제공한다. 전문직 진급을 위해 고급 학위를 요구하는 것은 극도로 긴 시간과 높은 비용에 대한 부담으로 불필요하게 높은 장벽이 될 수 있다. 예를 들어, 주립, 공립대학의 교육학 석사 학위 비용은 약 13,000달러이다.[44] 이 막대한 학비에 대한 부담은 진급을 원하는 교육자의 수를 줄이며, 사회경제적 배경이 낮은 교육자의 접근을 거의 확실하게 차단한다.

교육자가 고급 학위보다 접근 경로가 어렵지 않고 다양한 전문성을 취득하여 재정적 혜택을 받을 수 있는 다른 진급 시스템을 상상해 보자. 전문 분야 교육은 더 낮은 가격대로 제공될 수 있고 이수하는 데 좀 더 짧은 시간이 걸리므로 더 많은 교육자의 접근성이 좋아진다. 전문 분야는 고급 학위로 연계될 수 있으며, 교육자가 학위 취득을 원하는 경우 학위 취득 일정을 유연하게 결정할 수 있다. 전문성을 쌓는 과정에서 교육자들은 비용에 대한 부담을 덜고 학위 취득 일정에 대한 유연성을 발휘하며 시간이 지남에 따라 급여가 점진적으로 인상되는 재정적 혜택을 받을 수 있다.

더 많은 교육자가 진급할 수 있는 환경과, 전문성을 갖춘 팀원이 함께하는 교육자 팀이 갖추어진다면 문화적으로 지속 가능한 교육학, 트라우마에 기반한 교육, 회복적 정의 실천과 같은 전문성을 발휘할 수 있는 더 많은 기회가 생길 것이다.

---

44 Arizona State University (n.d.).

리더십

현재 교사 직업군에서 리더십을 발휘하는 경우는 교육청 및 학교 단위의 행정 또는 학년, 부서로 제한된다. 전자의 리더십 발휘 기회는 상대적으로 적고 상당한 시간과 비용 투자가 필요한 경우가 많다. 후자는 중간 수준의 리더십 직책으로, 변화를 주도할 수 있는 권한이 거의 없으며 가끔은 관리나 감독을 소홀히 하는 교육청과 교사의 지원에 의존한다.[45] 미래 교육 인력 구축(Next Education Workforce)은 '팀 기반' 리더십 직책(예: 수석 교사)의 잠재력을 창출하며, 이 직책은 팀의 성공과 팀의 학생을 위한 더 많은 자율성과 책임과 함께 팀 구성원에게 급여가 주어질 것이다.

결론

미래 교직 디자인 접근이 교육시스템을 흔드는 엄청난 불평등을 없앨 수 있다고 생각하지는 않지만, 집중적인 지원을 통해 불평등을 크게 줄이고, 한 교실에 한 명 이상의 성인을 배치하여 부담은 줄이고 균형은 더한다. 그리고 교사의 자율성이 요구되는 심화학습과 개별 학습에 대한 역량을 향상시키고, 채용, 평가 및 기타 인사 시스템에 변화를 가져올 수 있을 것이다.

이제는 저소득층과 유색인종 학생들이 훌륭한 교육자와 엄격하고 관련성 높은 학습 경험에 접근할 수 있는 대안을 모색해야 한다. 현재의

---

45   Darling-Hammond (2001).

교육시스템이 지역사회의 자산을 인정하지 않고, 더 많은 돈과 시간을 가진 사람들을 위해 마련된 교육 및 진급 기회에 저소득층 교육자와 유색인종 교육자의 접근을 어렵게 할 장애물이 되는 시스템을 만드는 것을 더 이상 가만히 지켜볼 수 없다.

미래 교직 디자인 모델을 설계하면서 우리는 장점만을 바라보고 있지만, 동시에 눈을 크게 뜨고 주의를 기울이고 있다. 이러한 불평등을 지속적으로 고찰하며 이를 업무의 최전선에 두고, 이 시스템이 불평등을 악화시키는 것이 아니라 좀 더 다양하고 발전적인 길로 나아갈 수 있도록 행동하고 노력해야 한다.

6장   미래 학교와 미래 교직 모델 :
트로곤 초등학교, 퀘일 고등학교, 레드스타트 초중학교

이 장에서는 미래 교직 디자인 섭근을 실행한 세 학교의 사례를 소개한다. 실제 존재하는 학교는 아니지만, 각 사례는 운 좋게도 파트너 관계를 맺을 수 있었던 학교의 특징을 보여준다. 사례의 학교는 교육자와 학생에게 도움이 되는 학습 및 업무 환경을 조성하기 위해 필요한 분산된 전문성을 갖춘 교육자 팀, 개별 심화학습에 대한 헌신, 더 나은 방법의 진급 및 전문화 등의 요소가 구현되어 있다.

학교 프로필: 트로곤(TROGON) 초등학교

데메트리오 올모스(Demetrio Olmos)는 약 500명의 학생이 재학 중인 K-6 학교인 트로곤 초등학교의 교장이다. 올모스 교장이 트로곤 초등학교에 부임했을 때 교사들은 〈그림 6.1〉과 같은 '1교사-1학급' 모델로 배치되었다.

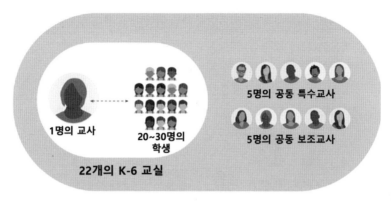

〈그림 6.1〉 트로곤 초등학교의 "1교사-1학급 모델"

올모스 교장은 미래 교육 인력 구축(Next Education Workforce)의 요소를 도입하기 위해 고민하고 있다. 이 체제가 학생들에게는 더 나은 학습 경험을, 교사들에게는 더 나은 근무 환경을 제공할 수 있을 것이라고 여기며 다음과 같은 일을 하고자 한다.

- K-1학년, 2-3학년, 4-6학년의 학생을 공유하여 통합학년(cross-grade) 팀 구성
- 공유와 교과 간 융합(cross-curricular)을 위한 자료 개발 지원
- 사회정서학습(SEL: Social and Emotional Learning)의 지원을 늘리고, 교육자가 전문지식을 공유할 기회를 만들며, 교육 현장에 교육자를 유지하고 전문화할 수 있는 진급 기회 증가

교육자 팀

올모스 교장은 K-1, 2-3, 4-6학년 팀을 만들었다〈그림 6.2〉. 이제 교사는 25명의 학생으로 구성된 한 학급이 아니라 약 80명의 학생으로 구

성된 그룹을 공유하며, 분산된 전문성을 활용하여 학생들에게 학습 경험을 제공한다.

K-1학년과 2-3학년에서의 팀 구성

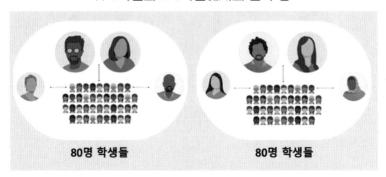

K-1, 2-3학년 각각 2명의 정규교사(certified teachers)와 2명의 레지던트 교사(residents)로 구성된 두 개의 팀으로 구성된다.

4-6학년에서의 팀 구성

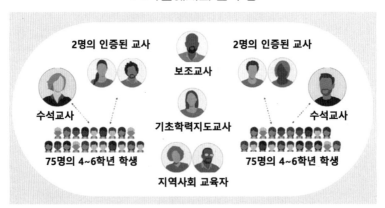

4-6학년을 총괄하는 2개의 팀으로 구성되며, 각각의 팀은 수석교사(Lead Teacher)와 2명의 인증된 교사가 있다. 2개의 팀을 지원하기 위해 인증받은 기초학력지도교사(SLD: Specific Learning Disabilities), 보조교사(Paraeducator), 2명의 지역사회 교육자(Community Educators)가 있다.

〈그림6.2〉 트로곤 초등학교의 수직적 팀(Vertical) 구성

학습 공간

트로곤 초등학교는 학생의 요구와 그룹 활동에 유연하게 대응할 수 있도록 학습 공간을 다시 설계하였다. 〈그림 6.3〉은 학생들이 학제 간 협력 프로젝트를 설계, 제작 및 작업할 수 있는 STEM 랩을 포함한 학습 공간이다. 또한 교실 사이의 문을 통해 교사는 실시간으로 협업하고 그에 따라 수업을 조정할 수 있다. 예를 들어 교실은 과목별로 분류되어 있지만, 학생들이 동시에 모든 학습 공간에서 수학을 배울 수 있다.

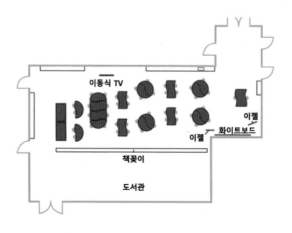

〈그림 6.3〉 트로곤 초등학교의 학습 공간 구성

심층적이고 개인화된 학습

트로곤 초등학교에서 팀을 구축하였기 때문에 교육자는 학생들에게 보다 더 심도 있고 개인화된 학습 경험을 제공할 수 있다. 학생들은 지니어스 아워(Genius Hour: 미국의 학교에서 적용되는 수업 기법 중 하나로, 학생들에게 교실에서 창의성을 발휘할 수 있도록 하는 캠페인의 일환임) 동안 학습자의 주체성을 키우고, 학제 간 협력 프로젝트 기반 과제를 수행하고, 맞춤형 독서 지도를 받을 수 있다. 올모스 교장은 개인 심화학습이 충분히 가능하도록 일정을 다시 설계했다.

지니어스 아워(Genius Hour)

지니어스 아워 동안 학생들은 브레인스토밍을 하고, 조사하고, 주제와 그 결과를 동료와 교사에게 발표하며 스스로 학습하는 주체성을 키

운다. 학생들은 프로젝트와 주제에 대한 자신만의 타임라인을 구성한다. 학생은 하나의 주제에 며칠 또는 몇 주에 걸쳐 참여한다. 교육자는 학생들이 핵심 콘텐츠(예: 식물)와 탐구 주제를 연결할 수 있는 방법을 찾고, 관련 있는 주제끼리 공유할 수 있도록 촉진한다. 이 시간을 통해 학생들의 개별 심화학습이 이루어진다.

프로젝트 기반 학습

4-6학년 팀은 놀이터 건설과 관련하여 9주간의 학제 간 협력 수업을 계획했다. 이 팀에게는 프로젝트가 진행되는 기간 동안 일주일에 한 시간씩 프로젝트 멘토가 되어 줄 엔지니어가 필요했다. 기꺼이 참여할 엔지니어를 구했지만, 엔지니어는 매주 트로곤 초등학교의 캠퍼스에서 이동하는 데 필요한 이동 시간을 감당할 수 없었다. 이는 프로젝트 운영에 큰 문제였다. 하지만 비디오 기반 화상 회의를 통해 엔지니어는 매주 자신의 책상에서 바로 학생들과 만날 수 있었다. 대면 상호 작용이 참여도를 높일 것이라 여겨 엔지니어는 1주 차와 9주 차에 학교로 방문하는 것을 우선순위로 두었다. 엔지니어는 2주 동안은 학교에 방문하여 대면하고, 나머지 7주 동안은 화상 회의를 통해 참여하는 하이브리드 모델을 통해 멘토 활동을 할 수 있었다.

개인 맞춤형 읽기 개입

2-3학년 팀의 일일 독서 지도 시간 동안 학생들은 소그룹으로 학습하며 일주일 동안 수집된 데이터를 기반으로 개별화된 학습 경험을 제

공받는다. 매주 금요일마다 교육자는 데이터를 분석하여 다음 주에는 학생들을 어떻게 그룹으로 묶을 것인지, 교육자의 전문성에 따라 어떤 학생 그룹이 어떤 교육자와 함께 학습할지 정한다.

학생들은 학습 기간 중 필요에 따라 그룹을 이동한다. 특수교육자도 팀에 합류하여 전문적인 지원을 제공한다. 마지막으로, 더욱 맞춤화된 개별 학습을 위해 지역사회 교육자로 활동하는 대학생과 은퇴한 교육자가 지역사회 봉사 과정의 일환으로 매주 한 번 동일하게 소규모 독서 그룹과 만난다.

스케줄링

올모스 교장은 교육자 팀이 트로곤 초등학교 학생들의 요구를 충족하기 위해 계획에 충분한 시간이 필요하다고 여겼다. 매주 금요일에 학생 그룹은 주간 프로젝트 기반 학습 블록에 참석한다. 이 시간은 사서와 미디어 전문 교사가 주도하며 특수교사, 보조교사 및 지역사회 교육자가 지원한다. 이 시간 동안 핵심 팀은 공동 계획을 세운다.

- 월~목요일: 교사 주도 수업.
- 금요일: 프로젝트 기반 학습 블록(학생: 학년별 2.5시간, 교육자 팀: 협업 및 계획).

전문화 및 발전 경로

처음에 올모스 교장은 4-6학년 교육자 팀에게 수석 교사(lead teacher)를 배치했다. 이제는 K-1학년 및 2-3학년 팀에도 추가로 배치할 것을 고려 중이다. 이 수석 교사는 이전처럼 학생들과 직접 협력하면서도 커리큘럼을 설계하고 교육자 배치 방법을 결정하는 등 팀을 이끈다.

각 교육자는 수학과 같은 특정 학습 영역 또는 트라우마 기반 교육(trauma-informed education)과 같은 다른 전문 분야에 대한 전문성을 개발할 수 있다. 이러한 전문 분야는 개별 교육자의 관심사와 강점, 학생의 요구, 팀의 필요에 따라 결정된다.

모든 지역사회 교육자는 자신의 역할과 책임을 소개하는 온디맨드 교육과정을 이수했다. 각각 약 10분 길이의 이 나노 강좌는 지역 대학과 협력하여 교육청에서 만들었다. 대학생, 은퇴한 교육자, 엔지니어 등 지역사회 교육자들이 학생의 개별 심화학습을 위한 학습 환경을 조성한다.

학교 프로필: 퀘일(QUAIL) 고등학교

퀘일 고등학교는 대규모 종합 고등학교이며 티시 옥파라(Tish Okpara)가 교장으로 재직 중이다. 옥파라 교장이 퀘일 고등학교에 부임했을 때의 교직원 배치 방식은 '1교사-1학급' 모델이었다. 다양한 과목에 서로 다른 학업 성취도를 보였다.

데이터를 검토한 후, 옥파라 교장은 학교에 갓 입학한 9학년 학생의 실패율이 가장 높음을 알게 되었다. 그 결과, 교장은 중등 교육 일정 변경이 필요함을 감수하고 미래 교직 디자인 모델의 요소를 도입하고 있다. 9학년 팀 모델의 성공 여부에 따라 옥파라 교장은 향후 학교 전체로 확대할 계획이다. 9학년을 위해 퀘일 고등학교는 다음과 같은 제도를 시행하고 있다.

- 공통의 학생을 공유하는 분산된 전문성을 갖춘 9학년 교육자 팀 구성과 학습 환경을 관리하도록 일부 교육자에게 새로운 역할과 책임(예: 수석 교사) 부여
- 학생들을 위한 심도 있는 학제 간(interdisciplinary) 탐구 프로젝트(inquiry-based project)의 수행 시간 확보
- 학생들을 위한 사회정서학습(SEL: Socio-Emotional Learning) 지원 강화.

교육자 팀

옥파라 교장은 각각 150명의 학생을 담당하는 8개의 교육자 팀을 구성했다. 각 팀은 핵심 교육자 팀(Core Educator Team)과 여러 교육자로 구성된 확장 교육자 팀(Extended Educator Team)으로 구성되어 있다.

핵심 팀(Core Team)

핵심 팀에는 각각 한 명의 수석 교사와 세 명의 정규 교원이 있다. 각 팀에는 직업 및 기술 교육(CTE) 교사를 포함하여 예술, 지속 가능성, 스포츠 및 웰빙, 보건 전문직, 코딩, 기업가 정신, 농업, 법학 등 특정 직업 분야에 열정을 보이는 교육자가 배치된다(〈그림 6.4〉 참조). 〈그림 6.5〉에 보이는 핵심 팀은 교육자가 담당하는 학생 그룹의 구성에 따라 다양하게 구성된다. 일부 교육자(예: 특수교육자)는 여러 팀에 걸쳐 활동한다.

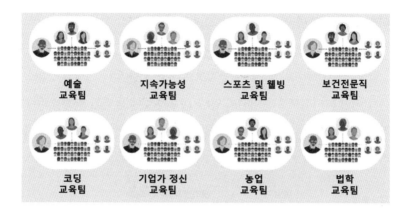

〈그림 6.4〉 퀘일 고등학교의 9학년 교육자 팀

〈그림 6.5〉 퀘일 고등학교의 핵심 팀과 확장 팀의 예시

확장 팀(Extended Team)

각 핵심 팀은 확장 팀의 지원을 받는다. 확장 팀은 외국어 교사, 음악 교사, 시각 및 공연 예술 교사, 지역사회 교육자로 구성된다. 지역사회 교육자는 팀의 경력 초점에 따라 진로 교사(CTE Teacher: Career and Technical Education Teacher)와 협력하여 개별 심화학습을 제공한다. 이는 〈그림 6.5〉에서 확인할 수 있다.

학습 공간

학습 공간(〈그림 6.6〉 참조)은 유동적으로 사용할 수 있다. 3개의 강의실은 접이식 파티션으로 분리되어 있다. 교육자 팀은 공간과 일정을 유동적으로 고려할 수 있다. 두세 개의 교실을 합쳐서 학제 간 협력 수업을 진행할 수도 있다.

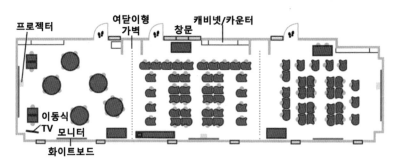

〈그림 6.6〉 퀘일 고등학교의 학습 공간

학습 공간을 통해 교육자들은 실시간으로 협업할 수 있다. 예를 들어, 한 주제 팀의 학생들이 교과 과목이 융합된 주제를 탐구하는 동안 교육자는 벽을 젖혀 전체 학습 공간을 돌아다니며 학생들을 돕고 다른 교육자와 소통한다. 이 학습 공간을 사용할 수 없는 경우, 체육관, 강당, 야외극장, 축구장 등의 넓은 공간을 활용할 수도 있다.

개별 심화학습

드디어 퀘일 고등학교에서 팀이 구성되었다. 이제 교육자는 학생들에게 개별 심화학습 경험을 포함한 교육을 한다. 핵심 팀은 영어, 수학,

과학 및 팀의 학습 주제 간에 교과교육의 내용적 연계를 우선시한다. 팀은 개별 심화학습을 위해 적응형 소프트웨어(adaptive software)를 활용한다. 학생들은 정해진 탐구 및 프로젝트 시간에 학습한다. CTE 교사와 지역사회 교육자를 포함한 진로 전문가는 직장에서 적용할 수 있는 지식과 기술로 연결할 수 있도록 심화학습을 제공하며 탐구 및 프로젝트 시간 및 이외의 시간에도 학생을 위해 활동한다.

개별 심화학습을 위한 기술

퀘일 고등학교는 수학 교과를 위한 적응형 학습 소프트웨어, 학생들이 정보를 분석하고 영어와 사회 교과의 문제 해결 과정을 돕는 플랫폼, 모든 교과를 위한 학습 관리 시스템(learning management system) 등을 도입했다. 과학 교과는 재수강(Credit Recovery)이 필요한 학생들이 많기 때문에 퀘일 고등학교는 교육청에서 자체 제작한 원격 학습 과정과 교육 기술 회사에서 구매한 원격 학습 과정을 활용하고 있다. 이 기술을 통해 교육자는 학생 학습에 대한 즉각적인 데이터를 확보할 수 있으므로 교사는 실시간으로 개입할 수 있으며, 학생은 학습에 참여하는 방법과 시간을 유연하게 선택할 수 있다.

탐구 및 프로젝트 기반 학습(Inquiry-and Project-Based Learning)

퀘일 고등학교의 9학년 학생들은 자신의 관심사와 관련된 주제를 탐구하고 학습한 내용을 가시화할 수 있는 프로젝트를 수행할 수 있다. 이러한 블록은 학생들의 일과에 포함되어 있으며 학습의 주체성과 자율성을 향상시켜 준다.

진로 팀 및 심층 학습

진로 팀은 진로 관련 분야만 담당하며, 이러한 분담은 진로와 관련한 심화학습을 추진하는 데 도움이 된다. 예를 들어, 퀘일 고등학교의 농업 팀은 농업 CTE프로그램과 협업하고 있다. 퀘일 고등학교에는 채소밭과 닭, 돼지, 소, 앵무새와 같은 가축이 있는 작업 농장이 있기 때문에 학생들은 실제 농장에서 일하는 것과 같은 심도 깊은 경험을 할 수 있다. 학생들은 일주일에 두 번 채소를 재배하고 암탉을 돌보며 실생활과 연계할 수 있는 교육을 받는다.

농업 팀의 모든 학생이 고등학교 졸업 후 농업 관련 진로를 선택하는 것은 아니지만, 이때의 경험은 참여자 모두에게 도움이 될 것이다. 이러한 경험 중심의 교육과정은 생물학을 배우는 과정에서 식물과 수학을 연계하는 것과 같이 이론과 토론이 연계되는 실천적 방법으로 연결된다.

스케줄링

옥파라 교장은 공동 계획 시간(Collaborative Planning Time)이 꼭 필요하다고 생각했다. 매일 교육자들은 학생들이 선택과목 장소로 이동하는 동안 공동 계획 시간을 갖는다. 학생들은 오전에 선택과목을 듣거나(오전에 교육자 팀에 공동 계획 시간을 제공), 오전, 점심, 오후로 나누어 듣는다(오후에 교육자 팀에 공동 계획 시간을 제공). 그리고 학생 중심 수업 블록을 통해 교육자 팀은 학생의 요구에 맞게 일정을 조정한다.

예를 들어, 화요일에 영어 교사가 학생들과 글쓰기 활동을 하는 데 시간이 더 필요하다면 수학 및 생물 교사는 블록 내 남은 시간으로 수업 시간을 조정한다. 또는 수학 교사와 생물 교사가 함께 통합 수업을 하고 싶다면 더 긴 블록을 가질 수 있다. 이 형태는 〈그림 6.7〉에서 확인할 수 있다.

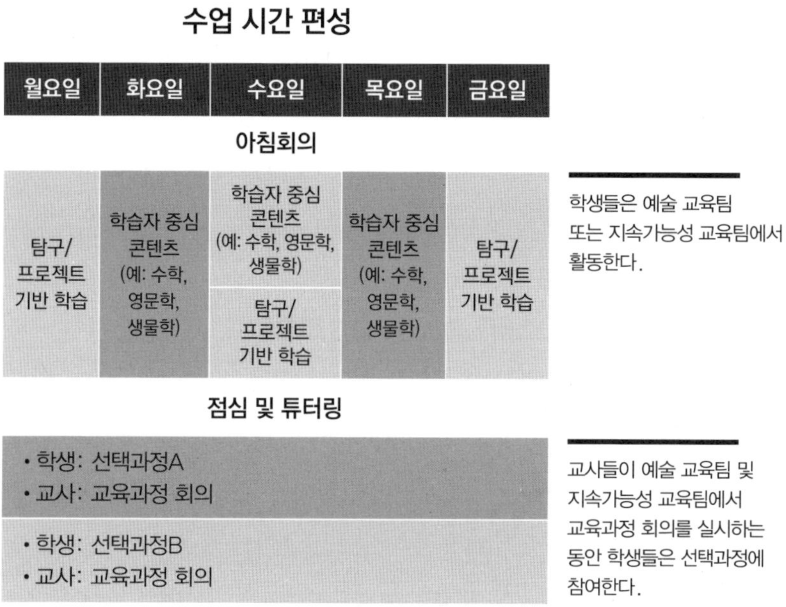

수업 시간 편성

월요일	화요일	수요일	목요일	금요일
아침회의				
탐구/프로젝트 기반 학습	학습자 중심 콘텐츠 (예: 수학, 영문학, 생물학)	학습자 중심 콘텐츠 (예: 수학, 영문학, 생물학)	학습자 중심 콘텐츠 (예: 수학, 영문학, 생물학)	탐구/프로젝트 기반 학습
		탐구/프로젝트 기반 학습		
점심 및 튜터링				

학생들은 예술 교육팀 또는 지속가능성 교육팀에서 활동한다.

- 학생: 선택과정A
- 교사: 교육과정 회의

- 학생: 선택과정B
- 교사: 교육과정 회의

교사들이 예술 교육팀 및 지속가능성 교육팀에서 교육과정 회의를 실시하는 동안 학생들은 선택과정에 참여한다.

〈그림 6.7〉 퀘일 고등학교의 스케줄

전문화 및 진급 경로

옥파라 교장은 교육자의 의견을 수렴하여 각 팀에서 한 명의 교사가 수석 교사 역할을 하는 것으로 결정했다. 수석 교사는 팀 회의를 촉진하고, 팀원들이 교육 계획을 세우는 것을 지원하고, 코칭과 멘토링을 제공하며, 관리자와 팀 사이의 가교역할을 한다. 팀의 교육자는 심화학습, 개별 학습 등의 전문가로서 전문성을 갖추고 여러 팀에서 활동할 수 있다.

지역사회 교육자들이 탐구 및 프로젝트 기반 학습 블록 동안 개별 심화학습을 돕는다. 학교는 일 년에 세 번 일주일 동안의 중간 방학을 운영한다. 중간 방학 동안 지자체, 지역 산업체, 커뮤니티 칼리지, 비영리단체의 대표들이 교육청 및 관리자의 책임하에 9학년 학생들을 대상으로 일주일 동안 집중 캠프를 진행한다. 핵심 교육자 팀은 이 기간을 활용하여 향후 학제 간 단원을 계획하고 학생의 요구와 관련한 영역에서 전문화된 개별 학습을 추구한다.

학교 프로필: 레드스타트(REDSTART) 초중학교

레드스타트 초중학교(K-8)는 180명(학년당 약 20명)의 학생이 재학 중인 시골 학교로, 대부분이 스페인어와 영어를 구사한다. 소피아 로페즈(Sofia Lopez)가 교장으로 재직 중이다. 레드스타트 초중학교의 K-5학년은 전통적인 '1교사-1학급' 모델이며, 6-8학년은 과목별로 부서가 나누어져 있다. 많은 시골 학교와 마찬가지로, 레드스타트 초중학교도 자격을 갖춘 교사를 구하는 데 매년 어려움을 겪고 있다. 로페즈 교장은 자격을 갖추지 못한 개인을 고용하여 한 학년을 담당하게 하거나, 학년을 통합하여 한 명의 교사가 두 학년 분량의 학습 내용을 준비하여 40명에 이르는 학생을 담당하게 했다. 주목해야 할 점은 학습 지식이 더 복잡해지는 6학년에서 8학년까지의 고학년의 일이란 점이다.

로페즈 교장과 교직원들은 교육청의 지원을 받아 미래 교직 디자인의 요소를 활용하여 레드스타트 초중학교의 혁신을 이루려고 한다. 이를 통해 잦은 인력 부족 문제를 해결할 수 있을 뿐만 아니라 학생들에게 더욱 의미 있는 학습 경험을 제공할 수 있을 것으로 기대한다.

로페즈 교장은

- 1-2학년, 3-4-5학년, 6-7-8학년 학생을 공유하는 학년 간 팀(cross-grade-level teams)을 구성했다.
- 에듀테크를 활용하여 6-7-8학년의 수학을 가르치는 원격수업 교사와 수학 교사가 되기 위해 커뮤니티 칼리지에 재학 중인 지역사회 교육자를 수학 '수업조교(lab facilitator)'로 초빙했다.
- 스페인어에 능통한 학부모인 지역사회 교육자를 초빙하여 스페인어와 관련한 프로젝트 기반 학습 경험을 촉진하였다.

교육자 팀

로페즈 교장은 1-2, 3-4-5, 6-7-8학년 등 세 개의 학년 간 팀을 구성했다. 학년별 내 핵심 팀은 2~3명의 정규 교원(professional educators)으로 구성하였다. 6-7-8학년에서는 수업 조교(lab facilitator)도 포함된다. 확장 팀은 프로젝트 기반 학습 촉진자(project-based learning facilitator), 미술 교사, 체육 교사로 구성되어 있다.

통합학년 팀(Cross-Grade-Level Teams)

레드스타트 초중학교의 데이터를 검토한 후, 로페즈 교장은 학생들이 학습 영역 전반에서 학업 성취도가 다양하다는 사실을 발견했다. 예를 들어, 어떤 학생은 수학은 평균 수준 이상이지만 영어는 평균 수준 이하다. 그래서 로페즈 교장은 여러 학년으로 구성된 팀을 만들고 교육자들이 데이터를 분석하여 학생들을 그룹화하고 재그룹화하게 하였다. 다만, 유치원에서는 학년을 섞지 않기로 했다. 지역에 유치원이 없어 많은 아이들이 학교 환경을 처음 접하는 경우이기에 사회화를 기르는 데 집중하기 위해서이다.

6-7-8학년 수학을 위한 수업조교

로페즈 교장은 레드스타트 초중학교에서 6-7-8학년 수학을 가르칠 원격 교사를 고용했다. 하지만 학생들에게는 감독(supervision)이 필요하다. 그래서 로페즈 교장은 수학 교사가 되기 위해 커뮤니티 칼리지에 재학 중인 세바스찬(Sebastian)을 6-7-8학년 수학 수업의 조교(lab facilitator)로 고용했다. 그의 임무는 학생들의 참여를 유도하여 목표를 달성하도록 지원하고, 원격 교사와의 주요 연락 창구가 되는 것이다.

스페인어를 사용하는 지역사회 교육자

레드스타트 초중학교의 많은 학생들이 스페인어를 구사하기 때문에 로페즈 교장은 자녀와 같은 스케줄을 원하는 학부모 마리아(Maria)를 고용하여 지니어스 아워(Genius Hour)를 지원하게 했다. 마리아는 대학에서 멕시코계 미국인에 대한 연구를 전공했으며 매주 수요일에 와서 학생들의 탐구 기반 프로젝트를 돕는다.

학습 공간

레드스타트 초중학교의 학습 공간은 물리적으로 변경되지는 않지만, 학생과 교사는 다양한 교실을 학습 공간으로 간주한다. 매일 1-2학년 팀의 학생들은 아침 회의를 위해 카페테리아에서 모인 후 하루 종일 두 개의 교실을 이동한다. 3-4-5학년 팀의 학생들도 아침 회의를 위해 체육관에서 모인 후, 하루 종일 세 개의 교실을 이동하며 수업을 진행한다. 모든 팀은 전체 팀 프로젝트를 수행할 때 어느 공간이나 사용할 수 있으며, 로페즈 교장은 이 모든 것이 수월하도록 조정한다.

개별 심화학습

학생들의 개별 심화학습을 지원하기 위해 몇 가지 변화를 시도했다. 학생들은 지니어스 아워를 가지며, 이때 스페인어를 구사하는 지역사회 교육자가 심화학습을 제공한다. 6-7-8학년 수학은 적용형 소프트웨어(Adaptive Software)의 도움을 받아 맞춤형으로 진행된다. 분기별 일정에 따라 학생들은 선택과목을 돌아가며 수강할 수 있다.

스페인어 사용자와 함께하는 지니어스 아워

수요일에는 지역사회 교육자가 방문하여 스페인어로 지니어스 아워를 지원한다. 이 교육자는 학생들이 탐구 기반 학습을 통해 스페인어와 히스패닉 문화를 탐구하도록 지원한다. 스페인어에 능숙하지 않은 학생은 일부 시간에 온라인 언어 학습 소프트웨어에서 개별 학습을 하면서도 문화, 역사, 예술 등을 탐구한다.

6-7-8 수학의 개인 맞춤형 학습

수학 지식과 적용의 격차를 줄이기 위해 원격 수학 교사 외에도 온라인 적응형 수학 소프트웨어 애플리케이션을 사용한다. 수학 교사가 되기 위해 교육을 받는 수업조교(lab facilitator)도 필요할 때 학생들을 도울 수 있다.

스케줄링

학생들은 매일 한 시간씩 선택과목을 수강한다. 두 분기 동안 학생들은 월, 화, 목, 금요일에 체육, 음악/미술을 수강하고 두 번째 분기에 전환하며 매주 수요일에 도서관에 간다. 학생들이 선택과목을 수강하는 시간은 핵심 교육자 팀(core educator team)의 공동 계획 시간이 된다.

<표 6.1> 레드스타트 초중학교의 스케줄

	K	1-2	3-4-5	6-7-8
07:00am-07:45am	아침 식사	아침 식사	아침 식사	아침 식사
07:45am-08:00am	오전 회의	오전 회의	오전 회의	오전 회의
08:00am-09:00am	블록수업1	특별수업	블록수업1	지니어스아워
09:00am-10:00am	블록수업1	지니어스아워	블록수업1	특별수업
10:00am-11:00am	블록수업2	블록수업1	지니어스아워	블록수업1
11:00am-12:00pm	점심/리세스	점심/리세스	점심/리세스	블록수업1
12:00pm-01:00pm	블록수업2	블록수업1	특별수업	점심/리세스
01:00pm-02:00pm	지니어스아워	블록수업2	블록수업2	블록수업2

전문화 및 발전 경로

• 수업조교 세바스찬의 진급

세바스찬은 핵심 교육자 팀에 속해 급여를 받는 지역사회 교육자이다. 그는 지역 고등학교를 졸업하고 자기설계형 교원양성학점인증제(grow-your-own Teacher Academy)를 이수했다. 세바스찬은 수학에 뛰어난 능력을 보여 왔으며, 고등학교 때의 뛰어난 성적 덕분에 커뮤니티 칼리지에서 장학금을 받을 수 있었다. 그리고 커뮤니티 칼리지를 졸업하면 교원 양성 과정을 마치기 위해 이사할 필요가 없다. 주 정부의 교원 양성 과정 운영기관이 원격 학습을 제공하기 때문에 그는 레드스타트 초중학교에서 수업조교로 계속 일할 수 있다. 그는 자기설계형 프로그램(grow-your-own program)의 일환으로 조건부 교사 계약을 제안받았다. 교원 양성 과정을 마치면 원활하게 레드스타트 초중학교의 6-7-8학년 수학 교사로 전환될 수 있을 것이다.

• 다국어 및 다문화 교육을 위한 전문화

학생 대다수가 스페인어를 구사하기 때문에 로페즈 교장은 주립 대학 중 한 곳과 협력하여 다문화 학생에게 다문화 교육을 담당하는 교육자를 위한 전문 과정(1학점짜리 9개 과목으로 구성된 약 9학점)을 개발했다. 로페즈 교장은 트라우마 기반 교육, 심화학습, 개인 맞춤형 학습 등을 포함한 다른 전문 분야의 개설을 위해 대학과 협력하고 있다. 로페즈 교장은 교육청 인사 책임자와 협력하여 교사가 각 전문 분야를 이수할 때마다 기본 급여를 500달러 인상할 계획이다.

결론

미래 교직 디자인 모델에서는 특히 맥락이 중요하다. 세 학교 사례의 공통점은 미래 교직 디자인 접근의 요소들을 학교 상황에 맞게 적용하고 있다는 점이다. 이 학교들은 교사들이 팀을 구성하고, 협업할 수 있는 시간을 보장하며, 개별 심화학습 경험을 설계한다. 또한 지역사회 및 지역 교원 양성 과정과 같은 다양한 인적 자원을 활용하여 학생 주변에 더 많은 성인들을 끌어들이고 있다. 마지막으로, 교직에 진입하고 전문화하며 진급할 수 있는 명확한 경로가 존재한다.

2부

Next Education Workforce

미래 교직
디자인 실행과
유지를 위한
여건

7장 학교 리더십과 변화를 위한 준비

우리는 '1교사-1학급' 모델에서 분산된 전문성을 갖는 팀 모델로 전환한 수십 개의 학교(아직 그렇게 되지 않은 학교도 여럿 있었지만)와 함께 일하면서, 성공적으로 변화를 이끄는 가장 중요한 요인은 학교의 리더라는 결론을 내렸다.

학교장은 근무 조건의 어려움과 더불어 학생의 학업 성취를 책임져야 하는 스트레스 지수가 높은 상황에 놓여 있다. 그래서인지 학교장의 이직률은 꽤 높게 나타난다. 한 2017년 연구에 따르면 교장의 약 18%가 교장직을 그만두었다. 빈곤층 학생 비율이 높은 학교의 교장 이직 비율은 21퍼센트로 더 높다.[46] 이처럼 학교 리더십의 손실은 일반적인 리더십 역량 차원뿐만 아니라 학교와 지역사회에 축적된 지식 자원의 급격한 손실을 의미한다.

학교와 학교 시스템을 재설계하기 위해서는 강력하고 헌신적인 리더

---

46   Goldring & Taie(2018).

십이 필요하다. 이전에 말했듯이 이 작업은 신뢰의 속도에 기반하여 진행된다. 교육청(district) 및 학교의 관리자는 학교가 불확실성을 헤쳐 나가는 과정에서 교사, 학습자 및 학부모의 반응에 민첩하게 대응해야 한다. 이는 물론 쉬운 일은 아니다. 새로운 조직 구조를 안내하고, 학부모 및 기타 이해관계자와 활발히 의사소통하며, 학생들의 개별 심화학습이 이루어질 수 있도록 노력해야 한다. 그리고 교육의 질적인 향상을 위해 팀이 어떻게 기능하며, 팀 내 전문성의 분배 과정 등 효율적인 구축 방안에 대한 깊이 있는 이해가 필요하다. 새로운 팀 모델에서는 전통적인 '1교사-1학급' 모델보다 학교 관리자에게 더 많은 역할을 요구하는 동시에, 학습 시스템과 학습자 중심의 리더가 될 것을 요구한다.

학습자 중심의 리더는 학습자를 먼저 생각한다. 단순하게 학생 집단을 위젯 교사에게 분배하는 것이 아니다. 학습자 중심의 리더는 학습자 집단의 특성을 고려하여 학습자에게 적합한 시스템을 설계해야 한다. 리더는 수업에서 학습자로 중심축을 이동시켜 학습자와 배움을 중심으로 학교 시스템을 구성할 수 있다. 학습 시스템 리더십은 학교의 전체적인 시스템(예: 공간, 물류, 기술, 직원 배치, 시험, 평가)에 중점을 둔다. 학습 시스템 리더십은 학교를 관리하는 이상의 의미로, 학습 환경을 종합적으로 설계하고 구축하는 것을 포함한다.

학습 시스템 리더는 팀원의 사고를 격려하고, 다양한 관점을 제시하며, 업무 리스크와 아이디어의 공유를 두려워하지 않는다. 학교는 유연하고 민첩한 리더십을 토대로 교직원과 학습자의 요구와 도전적 상황들을 극복하기 위해 원대한 비전을 제시할 수 있는 리더가 필요하다. 이를 달성하기 위해 리더는 구축 단계에서 팀을 필요로 하고 팀의 일부가 되어야 한다. 리더는 함께할 준비가 된 사람들을 발굴하여 성공과 실패

에 도전할 시간을 주고, 그들을 이끄는 동시에 팀을 따를 수도 있어야
한다.

학교 관리자는 위임하거나 의사 결정 내용을 공유하기에 적합한 조
직 구조가 아니다. 반면, '팀 기반' 모델을 시행하는 학교는 팀 내 교사
리더를 비롯하여 전문가들 및 운영 직원 등 학교의 교육 및 운영 요구에
집단적으로 대응하고 신뢰할 수 있는 인력풀을 갖출 수 있다.

미래 교육 리더

모든 조직적인 변화에서 리더십은 중요하다. 미래 교직을 이끄는 리
더는 교육청의 구조적 해결 방안을 도출할 준비가 되어 있어야 한다. 미
래 교직 리더에게는 다음 네 가지가 필요할 것이다: (1) 의사 결정을 위
한 원칙에 입각한 마인드셋, (2) 대부분의 사람들이 경험한 것과는 다른
차원의 학교 교육을 기획하는 상상력, (3) 학습자를 중심으로 두는 능
력, (4) 리더십을 분산하려는 의지 등이 그것이다.

의사 결정을 위한
원칙에 입각한 마인드셋

효과적인 리더십을 위해서는 "새로운 개념을 상상하고, 아이디어를
촉진하고, 인류를 위한 긍정적인 변화를 이끄는 새로운 해결책을 창출
하는 능력"이 필요하다.[47] 혁신적인 변화를 촉진하려는 리더는 중요한

47　Mary Lou Fulton Teachers College, Arizona State University (2019, p.4).

결정 시점에 도달했을 때 스스로 "할 수는 있지만 반드시 그렇게 해야 하는가?"와 같은 성찰이 필요하다. 교육자들은 매일 수천 가지의 결정 사항에 대해 스스로, 신속하게, 혼자 결정한다. 그러한 결정은 학생들과 그들의 가족 및 지역사회와 같은 수백만 명의 삶에 영향을 미친다. 교육자가 적시에 올바른 질문을 하는 것도 중요하지만, 신중하고 비판적으로 사고할 수 있는 팀과 리더들의 지원을 받는 것도 중요하다.

교육자들이 내리는 결정은 지적, 도덕적, 시민적이면서 성과를 고려해서 이루어져야 한다. 지적인 의사 결정을 통해 개인은 혁신적이고 창의적이며 비판적, 공감적으로 성찰하는 시스템 사색가가 될 수 있다. 도덕적 기준에 따른 의사 결정은 다양한 관점에서 개방성, 정직함, 공정성 및 정의의 척도로 상황을 솔직하게 평가할 수 있도록 함으로써, 의미 있고 책임감 있는 방식으로 대응하게 한다.

시민 중심의 의사 결정은 공익에 대한 약속이다. 성과 중심의 의사 결정을 통해 리더는 불확실성을 탐색하고 의도한 결과와 의도하지 않은 결과를 예측하고 완화하며, 창의적이고 효과적인 해결책을 설계하고 구현할 수 있도록 지원한다. 학교 지도자는 독단을 배제하고 팀과 함께 의사 결정을 내리는 마인드셋을 갖출 때, 편견을 완화하고 의도하지 않은 결과를 줄이면서 결과의 공정성을 제고하는 방식으로 학습자를 지원하는 교육자 팀 문화 모델을 형성할 수 있다.

상상력

리더와 리더십 교육은 항상 비전에 관해 이야기하지만 진정한 비전을 실현하기 위해서는 상상력이 필요하다. 여기서 말하는 상상력은 교육자와 학습자 양쪽의 목표를 달성하기 위해 새롭고 완전히 다른 것을 구상하는 능력이다. 사람들이 발명하고, 발견하고, 오래된 것을 새로운 차원으로 끌어올릴 때 하는 일이다. 상상력이 풍부한 리더는 오랫동안 지속되어 온 "노멀" 교육 구조(예: 일반적인 학교 종 일정) 및 관행(예: 대체 교사 채용)에 의문을 제기하고, 적절한 시기에 용기 있게 다른 방식으로 처리해야 한다. 모든 학습자와 교육자가 수월성을 발휘할 수 있고 학습 환경이 개인화될 수 있으며, 심화학습이 이루어질 수 있다는 신념을 지녀야 한다. 리더가 상상력을 갖고 팀원이 함께 상상하도록 허용하면 새로운 방식의 사고와 행동, 그리고 학습으로 이어질 것이다.

분산적 리더십

"정상에 있으면 외롭다"라는 옛말이 학교에서보다 더 사실로 여겨질 수는 없다. '팀 기반' 모델은 여러 명의 리더가 존재하고 협업할 기회를 제공한다. 분산적 리더십은 "리더의 역할, 기능, 루틴 및 구조가 아닌 리더십의 실천"이다.[48] 미래 교직 디자인 모델에서 리더 간 관계와 상호 작용은 교사 리더가 교장을 보조하는 역할뿐만 아니라 진정한 리더십 팀을 확보할 기회를 제공한다.

이런 팀은 학습 전략을 안내하고, 팀이 어떻게 기능하는지 면밀하게 관찰하고, 개인 및 집단 데이터에 세심한 주의를 기울여 모든 학습자를 빠짐없이 지원하며, "우리는 항상 이런 방식으로 해왔어"와 같은 매너리즘에 빠져 있는 사고방식을 제거해야 한다. 교육자들이 팀 내 전문성

48　Spillane(2005).

을 배분하는 데 중점을 두는 동안, 리더는 팀을 구성하는 방법, 팀 내 교사 리더를 교육하는 방법, 그리고 해당 팀의 교사 리더를 포함한 기타 전문가에게 리더십을 분배하는 방법을 알아야 한다. 교육자들의 상호 의존성은 팀의 성공적인 운영, 나아가 학생들을 위한 학습 경험의 성공적인 실행을 위해 가장 중요하다.

변화에 대한 준비

미래 교직 디자인 실행을 위해 리더는 다음을 준비해야 한다.

- 협업 문화 : 학생, 교육자, 교직원 및 관리자 간 상호 신뢰와 존중을 기반으로 하는 협업 문화가 존재하여야 한다.
- 사려 깊은 변화 관리 : 조직 문화와 과정은 교육, 학습 및 인력 충원 모델이 새로운 방향으로 나아가기 위한 지원 역할을 해야 한다.
- 지원적 리더십 : 학교 및 교육청의 혁신적인 리더는 새로운 아이디어를 적용하고, 팀에게 권한을 부여하여 학생과 교육자를 위한 성과를 개선하도록 지원한다.
- 투명성 : 모든 이해관계자, 특히 학생과 가족은 변화 과정을 투명하게 지켜보며, 의사 결정에 목소리를 낼 수 있는 진정한 기회를 자주 가져야 한다.

어떤 변화도 쉬운 것은 없다. 고착화되고 노멀한 '1교사-1학급' 모델에서 벗어나기는 매우 어렵다. 학교 리더가 미래 교직 디자인 모델을 시행하기 위해 학교 또는 시스템의 준비 상태를 평가할 때 변화에 대해 신중하게 생각하고 신뢰의 속도를 고려해야 하는데, 보통 한 팀이 손을 들고 "준비되었습니다!"라고 말할 때 전환을 고려할 수 있다. '팀 기반' 모델에 적응한 리더들은 "한 교실에 한 명의 교사만 있는 학교로 돌아가지 않을 것"이라고 말한다.

그들은 또한 팀 모델로의 전환이 도전적인 과제라고 강조하며, 초창기에 리더가 비전을 계속 유지하지 않으면 규범적 강제력이 수 세기 동안 지속되어 온 고립된 배치 모델로 교육자들을 다시 회귀시킬 것이라고 말한다. 복잡해 보이지만 한편으로는 다른 시스템에 준비된 리더와 교육자, 그리고 부모와 학생이 분명히 존재한다고 믿는다.

결론

많은 교사들은 매년 들어오는 학생 집단이 독특하고 상이한 요구를 가지고 있다고 말한다. 교사는 학급의 일반적인 구성, 성별, 특수한 요구 사항 및 언어 습득 요구 사항을 이야기한다. 교사가 관찰하는 이 모든 것은 잡음이 아니라 신호이다. 이러한 신호들은 리더가 학생의 서로 다른 요구를 충족하기 위해 팀을 어떻게 설계하여야 하는지에 관한 정보와 데이터를 제공한다. 그리고 교육자들의 적절한 전문성을 조합하여 학생들의 학습 요구를 충족시키는 것은 학교 리더의 책임을 담보로 하는 일종의 시스템 리더십이다.

우리는 마이크로스쿨(10명 내외의 홈스쿨링 하는 학생들이 협동적으로 모인 소규모 학습 그룹), 기초학력보충수업, 학교 간에 교사를 공유하는 학교들 가운데에서 이를 확인할 수 있다. 리더십은 더 이상 수업 관행이나 수업 리더십에 관한 방향으로 이루어져서는 안 된다. 지금보다 훨씬 효과적인 방법으로 인적 자원을 구성하고, 학습자를 중심으로 적합한 팀을 구성하고, 분산적 리더십을 통해 학습자와 교육자에게 주체성을 제공하는 방법으로 이루어져야 한다.

8장 팀 기반 교원 양성과 전문성 개발

앞서 언급했듯이, 팀 구성은 새로운 개념이 아니다. 그러나 우리는 스스로에게 질문해야 한다. 그럼 왜 팀 구성이 정착되지 않았을까? 중요한 이유 중 하나는 예비 교사 양성이나 현직 전문성 계발이 '팀 기반' 모델을 지원하도록 구성되지 않았기 때문일 것이다. 적절한 교육을 받지 않은 예비 교사와 현직 교사를 팀에 투입하는 것은 준비 없이 공개 수업에 임하거나, 구체적 조작물(manipulatives)을 사용하지 않고 수학을 가르치는 것이나, 새로운 교육과정에 대비한 준비나 전문적인 학습 없이 교육하는 것만큼이나 효과가 없을 것이다. 교원 양성 단계부터 오리엔테이션, 교직 진입 그리고 경력 전반에 걸쳐 조직의 사명, 학생의 웰빙에 중점을 둔 강력한 팀원이 되는 방법을 배워야 한다.

예비 교사의 팀 구성에 대비한
교원 양성 과정의 변화

교사 교육자들은 예비 교사가 미래를 준비할 수 있도록 노력해야 한다. 우리의 관점에서 교사 교육자들은 예비 교사가 보다 유연한 근무 환경과 보다 공평한 학습 환경을 갖추기 위한 대변자가 될 수 있도록 준비 중이다. 그러나 주와 국가 수준의 인증기관이 교원 양성 과정의 교육 내용, 이수 사항, 현장 실습 및 예비 교사에 대한 멘토 배치 등에 대한 필수 이수 항목과 기준을 엄격하게 규정하고 있다.

물론 정책결정자가 교원 양성 및 임용에 대한 구체적인 정책 마련과 법률 개정 과정에 참여해야 하지만, 학교와 대학 간의 파트너십 강화를 통해 변화가 가능한 몇 가지 요소가 있다. 그래서 교원 양성 과정 협력 학교는 긴밀한 협력을 통해 교육과정, 현장 실습, 그리고 교육자들이 직무를 수행할 작업 공간(학교)을 일관성 있게 운영해야 할 것이다.

학교-대학 파트너십 구축

1990년대 후반에 교원 양성 분야는 학교-대학 간 파트너십에 중점을 두었다. 직무 연수 학교라고도 알려진 파트너 학교는 교육시스템의 네 가지 요소인 교원 양성, 전문성 개발, 커리큘럼 개발, 연구를 강화하도록 설계되었다.[49] 이러한 모델은 여전히 많은 곳에서 존재하며 우세하다. 이러한 모델의 주요 원칙 중 하나는 학교와 대학을 동시에 혁신하는

---

49 Osguthorpe(1995).

것이다. 이는 대학이 자산을 활용하여 새로운 교수 학습 방식을 지원하고 구축할 수 있으며, 학교가 대학에 정보를 제공하고 소위 상아탑의 벽을 허물었음을 의미했다.

대부분 이러한 파트너십은 새로운 아이디어와 자금이 지원되는 프로젝트 및 연구의 기반을 다지기 위해 교원 양성을 활용했다. 이러한 파트너십은 예비 교사를 더 나은 방식으로 준비시켰을 뿐만 아니라 학생의 학습을 위한 학교 변화에도 중점을 두었다. 예비 교사를 팀에 배치하여 모든 학교에서 미래 교직 인력 구축을 위해 기반을 다질 수 있다.

학교와 교육청이 우리와 협력하여 교직원 배치 모델을 재설계하는 과정에서 우리는 이 변화에 관심이 있는 학교와 관리자가 예비 교사를 수평적(같은 학년) 또는 수직적(여러 학년 간) 팀에 배치해 왔음을 확인했다. 어떤 경우에는 (보조 인력 또는 지원 인력이 아닌) 예비 교사로 구성된 팀이 확장되어 전문 교사로 구성된 핵심 교육자 팀에 추가된 경우도 있었다. 또한 교육청에서 공석인 교직에 예비 교사를 고용하는데, 독립된 학급에 배치하는 대신 팀에 합류시킨 경우도 있었다.

전문화와 발전을 위해 교원 양성 과정의 교육과정 구성 요소를 다시 생각하기

교원 양성 과정에는 전문화 및 진급 경로가 포함되어야 한다. 예를 들어, 교원 양성 과정을 설계할 때 선택 학점을 포함할 수 있는 여유 학점을 제공해야 한다. 선택 학점은 교원 자격증 영역과 연결되거나, 여러 학점이 누적되어 전문성의 발판이 될 수 있다. 예비 교사는 자신의 관심사 또는 미래에 만나게 될 학생의 요구를 예상하여 전문성을 쌓을 수 있다.

교원 양성 과정을 설계할 때 고정 관념을 깨고 누적한 학점이 교원 자격증으로 이어질 수 있는 방법을 교육부와 함께 고민해야 한다. 이를 통해 학위 취득을 목적으로 하는 학생과 학점 누적을 통한 자격증 취득을 목적으로 하는 학생 모두가 교원 양성 과정을 성공적으로 이수할 수 있을 것이다. 대체적인 방안으로 보조교사는 두 개의 읽기 지도 과정을 수강하고, 교원 양성 과정 기관으로부터 "독서 지도 촉진자"로서의 지식과 역량을 보유했음을 인증하는 배지를 받을 수 있다. 해당 배지를 받음으로써 독서의 특정 주제나 기술을 가진 소규모 학생 그룹과 수업할 수 있는 자격을 얻게 된다. 이들은 교육 현장에 계속 남아 있으면서 전문성 신장을 위한 학습을 지속할 수 있을 것이다.

전통적인 교원 양성 과정의
현장 실습 다시 생각하기

4년 간의 교원 양성 과정에는 전문 실습 과정이 매년 포함되어야 한다. 과정 초반부터 자주 '팀 기반' 활동을 실습해 보는 것은 중요하다.

1년 차와 2년 차에 예비 교사는 '팀 기반' 업무가 더 보편화된 지역사회의 기관에서 인턴을 하게 된다. 이 경우 예비 교사는 팀에서 일하는 경험을 해보고 학생들이 서로 다른 환경과 기대를 가지고 학습이 이루어지는 과정을 지켜보면서 팀 내 분산된 전문성을 이해하게 된다. 지역사회의 기관이란 청소년을 위한 비영리 단체, 박물관, 동물원 및 기타 기관을 의미한다.

예비 교사는 '팀 기반' 모델을 도입한 학교에서 인턴직을 수행하면서 학생들과 수업하고 교원 양성 과정에서 배운 기술을 적용해 볼 수 있다. 예컨대 읽기 지도 과정의 첫 번째 수업에서 필요한 기술을 배운 후, 두 번째 시간에 소그룹의 학생들과 수업을 진행하며 그 기술을 실습해 보고, 세 번째 시간에는 학교 내 다른 구성원(예: 자원봉사자, 학부모, 버스 운전사 또는 사무실 직원)에게 기술을 전수하여 모든 구성원의 역량을 강화한다.

3년 차의 예비 교사는 주 1~2일 인턴직을 수행하며 팀에서 특정한 역할을 맡게 된다. 예를 들어, 학생들은 수학 방법론 과정을 수강하면서 팀에서 '수학 촉진자'로 실습을 하고, 두 번째 학기에는 수업조교가 되어 에듀테크를 접목하여 학생의 학습을 모니터링하면서, AI 기반 학습의 효과에 대해 더 많이 배울 수 있다.

궁극적으로 예비 교사가 대학에서 배우는 학습은 경험에 기반하고 있지만, 단순한 경험이 아니다. 그것은 팀 구성원으로서 발전하고 팀에 기여하는 데에 도움이 되는 명백한 역할에 대한 경험이다. 실습은 주로 대면으로 이루어지지만, 원격 디지털 학습 환경에서 진행될 수도 있다. 도서산간에 위치한 지역사회에서도 예비 교사의 공급을 확보하고, 전문성을 활용할 수 있다. 예비 교사들은 또한 숙련 중인 기술에 관한 학습을 인증하는 학점이 제공되는 경우 "진보"한다는 느낌을 받을 수 있다. 학점 인증은 예비 교사가 수행할 수 있는 역량과 역할을 학교와 교육청에 알리는 기능으로 활용될 수 있다.

마지막으로, 4년 차 예비 교사는 1년간의 현장 실습을 거쳐야 한다. 그러나 이로 인해 자신과 가족을 부양하기 위해 생계 소득이 필요한 학생들에게는 종종 긴장과 불평등이 발생한다는 점을 이해해야 한다. 만일, 예비 교사도 급여를 받을 수 있다면 이 문제는 해결될 것이다. 그러나 이들을 준비되지 않은 상태로 고립된 교실에 단독으로 배치하는 것은 예비 교사와 학생 모두에게 문제가 될 수 있다. 그러나 교원 양성 과정과 교육청에서 '팀 기반' 모델을 고려한다면 예비 교사는 '팀 기반'으로 재설계된 교직 디자인 모델에 배치되어 "딱 맞는" 책임을 부여받아 전문성을 쌓을 수 있다.

예를 들어, 학교에서 3학년을 담당하는 교원 네 명이 있으면 (3개의 자리를 배치하고 난 후) 한 자리는 항상 채우기 어려운 상황이다. 교장은 교육청 직원과 협력하여 앞으로 3학년을 담당할 3명의 정규 교사와 3명의 레지던트 교사를 배치하기로 한다. 학교 내 교직 디자인 모델을 수동적이 아닌 능동적인 방식으로 재구성하는 것이다.

대학원 수준 및 대체 교원 양성 과정의 현장 실습 다시 생각하기

대학원 및 대체 교원 양성 과정 역시 대부분의 졸업생들이 정규 강사로 고용되는 경우가 많음에도 불구하고 예비 교사를 위한 현장 실습 경험을 내실화하는 방법을 고려해야 한다. 우리의 견해로는 예비 교사 어느 누구도 혼자서 교실에 있어서는 안 된다. 이들 각자는 다양한 역량과 경험을 보유하고 있지만 팀 없이는 재앙을 만날 수 있다.

예비 교사가 급여를 받으며 정규 교원과 함께 1년 동안 배치되는 수습교사(Graduate residency) 제도는 예비 교사/초임 교사가 자신의 교실에 단독으로 배치되는 문제를 어느 정도 해결할 수 있다. '팀 기반'으로 재설계된 교직 디자인 모델을 통해 수습교사제도는 외부 재정 지원 의존도를 극복할 수 있다. 또한 예비 교사 중 다수는 이전의 직업 경험으로부터 얻은 전문성을 공유할 수 있기 때문에 상호 이익이 되는 결과를 가져올 것이다.

현장 실습에서의 멘토링
다시 생각하기

멘토는 중요하지만 "실습 학교의 일반적인 분위기 및 조직 문화나 예비 교사가 경험하는 교육과정 등과 같이 예비 교사의 실습 경험에 영향을 미치는 광범위한 시스템의 구성 요소 중 하나일 뿐이다."[50] 예비 교사 역량에 영향을 미치는 다양한 다른 조직적 특성이 있음을 인정하면서도, 우리는 "수년 동안 이어진 전통적인 예비 교사 실습 교육의 틀을 깨려는 켄 자이크너(Ken Zeichner)의 추진력을 다시 한번 상기시킬 때라고 생각한다."[51] 예비 교사를 팀에 배치함으로써, 서로 다른 역량을 보유한 여러 명의 "멘토"를 제공하고, 미래 예비 교사가 실제로 팀에서 함께 일하며 기존 시스템을 변경하는 데 필요한 마인드셋을 준비하게 한다.

팀 작업을 위한 현직 교사의
전문성 계발

점점 더 복잡해지는 교수 학습 환경은 특정 수업 상황과 현실에 대한 대처를 위한 예비 교사 양성 교육을 넘어서 시스템과 구조를 구축할 것을 요구한다.[52] 이에 대응하여 교육청은 점점 더 많은 직무 연수를 제공

---

50 Goldhaber et al. (2020).

51 Zeichner (2002).

52 Feiman-Nemser (2001).

한다. 모든 교사가 학생을 위해 모든 것을 알고 교육할 수 있는 "위젯 교사"여야 한다는 관념은 전문성 신장을 위해 지속적인 학습을 하도록 밀어붙인다. 교원 양성 과정에 더 많은 콘텐츠가 필요하다고 믿는 사람들도 있듯이, 교사 양성 과정에서 얻지 못한 콘텐츠 습득을 위해 현직 교사들에게 전문성 학습이 더욱 필요하다고 믿는 사람들도 있다.

직무 연수의 날이나 전문적인 대학 강좌 등록과 같은 기존의 전문성 학습 기회는 교사가 "복잡한 지식과 기술을 효과적인 교수법으로 전환"시키는 데 적합하지 않다.[53] 대부분의 직무 연수는 자연스러운 맥락과 실습 상황과 동떨어져 있다. 하버드 교육 대학원의 리처드 엘모어 (Richard Elmore)는 다음과 같이 언급했다.

> "교사들이 실제로 일하는 환경에서 자신들이 배운 바를 실천하고, 교실에서 유사한 문제에 직면한 다른 교사들과 동료들을 관찰하고 관찰되면서 배울 수 있는 지속적이고도 연속적인 학습 기회가 거의 없다."[54]

또한 교사가 떠나거나 이동함에 따라 학교는 전문적인 경험, 제도적 지식 및 업무 관련 축적된 관계를 동시에 잃게 된다. 현재의 교육 현장은 신규 교사 및 현직 교사가 통합적인 전문성을 강화할 수 있는 환경이 아니다.

팀은 구조 이상의 의미를 지닌다. 팀을 통해 개인과 집단적인 의사 결정 능력을 발전시킬 수 있고 협업, 신뢰, 그리고 불확실성과 갈등을 헤

---

53 Feiman-Nemser(2001).
54 Elmore (2004).

쳐 나갈 수 있는 집단적 능력을 키울 수 있다. 이러한 능력을 개발하는 데 의도적인 중점을 두지 않으면 팀원으로 가르칠 때 또 다른 차원의 복잡성과 어려움을 겪을 수 있다. '팀 기반' 작업은 관계를 탐색하고 효과적이고 건강한 의사소통 및 대화를 수행하는 능력과, 개인이 팀과의 관계 속에서 효과적으로 기여하고 성장할 수 있는 자아 성찰이 필요하다.

따라서 팀 구성을 위한 전문성 학습에는 적어도 두 가지 주요 요소가 필요하다. 첫 번째는 새로운 역량, 지식 및 성향을 훈련하는 것이다. 두 번째는 교육이 이루어지는 방식이다. 우리 중 '팀 기반' 모델을 운영하는 학교에 다니는 사람은 거의 없었다. 미래 교직 디자인 모델이 성공적으로 구현되고 유지되려면 많은 전문성 학습이 필요하다. 이 전문성 학습은 기본 콘텐츠를 이해하기 위한 온라인 및 자기 주도 학습, 성공 사례와 어려움을 공유할 수 있는 팀 간 네트워크, 팀 내부에서 이루어지는 자체 개선을 통한 학습 등과 같이 다양한 방법으로 이루어져야 한다.

팀과 팀 구성에 대한 이해

처음에 교육자는 팀과 '팀 기반' 교육이 무엇을 의미하는지, 팀이 무엇이며 무엇이 팀이 아닌지를 이해해야 한다. 교육자들은 또한 팀에서 분산된 전문성은 무엇이며 어떻게 전문성을 분산시키는지, 공간을 어떻게 사용하는지, 학생들을 유연하게 그룹화하는 방법, 그리고 팀원으로서 행동하는 방법을 이해해야 한다. 팀 교사 리더는 팀을 이끄는 방법, 팀 내 전문성을 식별하고 분산시키는 방법, 그리고 공동 기획한 세션을 이끄는 방법에 대해 추가 교육을 받아야 한다.

지속 가능한 전문성 학습 경험 창출

교사는 피상적이고 간헐적인 세션보다는 지속적이고 실질적인 학습 기회가 필요하다. 모든 교사가 동일한 학습 경험 세션에 참석하도록 요구하기보다는 교육자 팀이 함께 모여 협력할 수 있는 안전하고 지속적인 기회를 만들어야 한다. 미래 교직 디자인 모델로 전환하려면 팀 구성에 대한 이해를 바탕으로 심화학습, 개별화 학습 및 팀 구성의 콘셉트를 올바르게 적용하는 방향으로 팀을 이끌 수 있는 전문 조력자가 필요하다.

교육자 팀은 팀 내 및 다른 팀과 함께 실행 기반을 만들기 위한 공간과 시간이 필요하다. 이러한 팀 내 혹은 팀 간 회의는 교육자가 이동하는 시간, 에너지 및 비용을 절약하기 위해 매달 화상 회의로 개최할 수 있다. 팀 구성원은 함께 동일한 세션에 참석하지만 다른 학교와 교육청에서 온 팀원들과도 함께할 수 있다.

이와 같은 지속적인 세션에서 교육자는 이전에 시행된 계획과 관행을 성찰하고 새로운 자원과 교수법을 탐색할 수 있다. 또한 팀으로 작업하며 탐구하고 배운 내용을 실행할 계획을 수립할 시간이 주어져야 한다. 중요한 점은, 문제 해결을 위해 자신의 팀 구성원 및 다른 팀 간에 협력하고, 성과를 축하하기 위한 자리가 마련되어야 한다는 것이다.

자가 발전하는 팀

자가 발전하는 팀은 리더나 단일 교사가 수행한 특정 행위보다는 팀원 간의 상호 작용에 중점을 둔다. 자가 발전하는 팀은 팀원으로서의 업무를 정하고 교육의 질, 교육, 성과 피드백에 대한 공동 책임을 갖는다. 교사들이 정기적으로 모여 수업의 딜레마를 식별하고 해결하기 위해 노력하며 학생의 학습 패턴을 검토하는 일은 가치 있는 일이다.

그리고 교사는 전문적 학습 공동체를 통해 이를 정기적으로 수행한다. 그러나 연구자들은 추가적인 지원 없이 수업 "요령", 수업 속도 및 실행 계획을 공유하는 것은 교사들에게 유용할 수 있지만, "교사들이 다양한 그룹의 학생들의 참여를 끌어내는 데 필요한 관점과 관행을 발전시키는 데 도움이 되지는 않을 것"이라고 제시했다."[55]

자가 발전하는 팀에서는 리더십이 분산되고 팀원 간의 상호 작용으로 나아간다. 전문성을 기준으로 팀 내 각 구성원의 업무가 결정된다. 팀은 학습 경험의 전달을 공동의 노력으로 간주하고, 공동 책임을 지며 필요할 때 서로에게 피드백을 제공한다. 팀 내에서 교육자는 각자의 강점을 활용하여 실시간으로 팀원에게 새로운 지식과 역량을 가르치기 때문에 혼자서 고립되어 어려움을 느끼진 않는다.

팀 방식은 우리가 원하는 결과를 달성하는 메커니즘을 생각하기 시작하는 사람들에게는 완전히 새로운 기회가 될 것이다. 팀 구성, 협업 방식, 그리고 팀이 학생의 학습에 미치는 영향에 대해 더 많이 배울수록 학교 내 팀의 작동에 관한 지식의 간극에 대한 파악이 매우 중요할 것이다.

---

55   Horn et al. (2018).

결론

전체 인력에 관한 마인드셋과 인력 양성을 위한 준비 과정을 변화시키는 것에 관한 구상은 매우 어려운 일이다. 교원 양성 과정을 실제 교사들이 일하는 학교의 현실에 매칭시키기 위해서는 균형을 잘 잡아야 한다. 결정적 다수의 학교가 '팀 기반' 모델을 채택할 때까지 교원 양성 과정에서는 졸업생이 '1교사-1학급' 모델에서 성공할 수 있도록 준비시키면서도 팀에서 성공할 수 있도록 지원하는 역량, 지식과 경향의 습득을 강조해야 한다.

이를 위해서는 교원 양성 과정에서 전문화를 위한 기회를 제공하고, 현장 실습을 재고하고, 멘토링 개념의 변화를 수용하는 등 변화를 받아들여야 한다. 또한 교육자가 팀 구성을 위해 필요한 사항을 계속해서 고려해야 한다. 팀 문화를 구축하기 위해서는 전문성 분산, 공동 기획, 공동수업, 개별 심화학습에 대한 평가, 그리고 팀 리더십에 관한 관행과 마인드셋 전문적인 학습 경험이 필요하다.

교육자 팀에게는 스스로 개선하기 위해 전문적 학습을 주도하는 개인적, 집단적 자율성이 요청된다. 비록 어려운 과정이지만, 이러한 변화는 교원 양성 과정과 학교 시스템이 오랫동안 추구해 왔던 핵심 요소이며 서로에게 이익이 되는 지속 가능한 파트너십을 만들 수 있을 것이다.

9장

'팀 기반' 모델을 지원하는
인적 자원 시스템

"그렇다면 '팀 기반' 미래 교직 디자인을 구축하는 데 방해가 되는 모든 정책적 장애물은 무엇입니까?"라는 질문을 종종 받는다. 국가와 주 차원에서의 답은 "현재로서는 많지 않다"이다. 그러나 정책과 더불어 아마도 더 중요한 것은 학교 시스템 수준에서 전해 내려온 구조와 과정이 '팀 기반' 교직 디자인 모델의 성공에 큰 영향을 미친다는 것이다. 분산된 전문성으로 구성된 교육자 팀의 진정한 효능을 확인하려면 인적 자원 관리 시스템이 작동하는 방식의 전환을 통해 적임자가 전략적이면서도 증거에 기반한 인적 자원 결정을 내려야 한다.

더 많은 학교 시스템이 '팀 기반' 모델로 이동함에 따라 인적 자원 관리 시스템과 전략적 이니셔티브 간의 불일치가 증가하고 있다. 그들은 학생들이 심화 개별 학습을 경험하길 원하지만 '1교사-1학급' 모델에서는 달성하기 어렵다. 대부분의 학교 임용 시스템은 전문지식과 분야에 따라 구직자를 선발하여 팀을 구성하도록 설계된 것이 아니다. 대신 모든 일을 한꺼번에 수행할 수 있는 "위젯" 초등학교 교사 또는 "위젯" 고등학교 생물 교사를 찾도록 설계되어 있다.

교사들은 종종 교사 중심 수업 모델을 위주로 하는 '팀 기반' 배치를 거의 고려하지 않는 관찰 도구를 활용한 평가를 받는다. 또한 현재 많은 인적 자원 관리 시스템에서 교사는 학생의 학업 성취도에 따라 성과급(인센티브)을 받는다. 개인 성과에 따라 보상받는 체제는 팀워크가 아닌 고립을 촉진한다. '팀 기반' 모델이 성공하는 조건을 만들고 싶다면 '1교사-1학급' 모델을 기반으로 교사 채용, 평가 및 보상의 제공이 이루어지지 않도록 인적 자원 관리 시스템을 전환하여야 한다. 교육 성과에 대한 책임성은 담보되어야 한다. 그러나 목표에 도달하는 과정을 교사 개개인의 책임으로 돌려서는 안 된다.

터쿼이즈(Turquoise) 교육청

9장 전체에서는 트로곤 초등학교와 퀘일 고등학교가 소재한 터쿼이즈 교육청 사례를 통해 그들의 인적 자원 관리 시스템이 '팀 기반' 교직원 배치 모델을 채택하기 위한 변화 과정을 살펴본다. 터쿼이즈 교육청 내에서는 인적 자원 관리 시스템과 전략적 이니셔티브가 전부 일치하지는 않는다. 예를 들어, 교사 평가 프로세스는 좁은 의미의 학생 학업 성취도와 연계된 부분적인 평가 요소를 바탕으로 개별 교사의 평가에 중심을 두고 있다.

이 교육청이 추구하는 인재상과 부합하는 학생 역량의 성장은 교사 평가 과정에서 빠져 있다. 또한 이러한 평가 도구는 학생 학습을 지원하는 교육자 팀을 고려하지 않는다. 터쿼이즈 교육청의 인적 자원 관리 시스템 설계, 구현, 활용 및 평가 방법을 다르게 생각하고, 좀 더 광범위한 측면의 학생 성과를 도출하고 '팀 기반' 교직원 배치 모델에 관한 교육청의 정책에 그들의 인적 자원 관리 모델을 일치시키려고 한다.

교육청 수준의
인적 자원 관리 시스템으로의 전환

교육에서 임용 과정은 상대적으로 거의 관심의 대상이 되지 않았다. 인사 전문가가 사용하는 많은 관행은 규정에 따라 이루어진다. 학교장은 학교나 직책에 적합한 후보자 목록을 받기보다는 지원자 서류를 일일이 검토해야 한다. 일부 현행 정책은 학교장이 특정 학교의 직위에 지원하는 교육청 내 모든 지원자를 인터뷰하도록 요구하는데, 이는 학교장의 시간을 고려하지 않으며 시간이 많이 소요되는 작업이다.

학교는 데이터 통합을 통해 자동화된 인재 시스템을 구축하고 임용 관행을 개선하기 위해 추구하는 인재상과 학생 역량을 부합시키는 데 집중해야 한다. 이는 하룻밤 사이에 진행되는 과정이 아니다. 교육청은 수요를 분석하여 의사 결정자에게 필요한 정보를 제공할 수 있는 새로운 데이터 필드와 관련한 연구 보고서를 작성해야 한다.

임용 관행도 바뀌어야 한다. 교육자는 주로 기본적인 자격 요구 사항의 충족 여부에 따라 임용된다. 현재의 임용 시스템은 학교나 팀이 학습 환경에서 필요한 필수 전문 분야가 무엇인지 인사 부서에 알리기 어렵다. 또한 지원자가 자신의 전문 분야 또는 강점을 구체적으로 제공하고, 인사 전문가 또는 시스템 차원에서 해당 전문성이 학교 및 시스템 요구에 부합하는지 간단하게 검증할 수 있는 시스템이 갖추어지지 않았다.

또한 팀에 합류할 교육자를 고용하는 과정에서의 역할이 중요하다. 발전된 데이터 시스템을 통해 학교와 팀의 요구 사항에 관한 정보를 수집하고(학년 수준 또는 교과 콘텐츠 영역을 넘어), 학교는 지역 교원 양성 과정 제공자와 협력하여 학교의 채용 요구를 충족할 수 있는 전문성을 갖춘 후보자를 식별해야 한다.

마지막으로, 정규 교원으로 팀에 합류하고자 하는 고등학생과 레지던트 교사를 위해 실행 가능한 진입 경로를 만드는 것이 필수적이다. 레지던트 제도의 지속 가능성을 위해 많은 학교 시스템에서 레지던트 교사에게 급여를 제공한다. 또한 지원자가 고등학교 시절 '팀 기반' 현장 실습 경험이 있는 '자기설계형 교원 양성 학점 인증제(grow-your-own Teacher Academy)' 학생 출신인지 혹은 레지던트 교사로 근무했던 경험이 있는지 식별할 수 있는 채용 시스템을 구축해야 한다. 이를 통해 교육청은 근무할 팀, 학교, 교육청에 대한 이해도가 높은 후보자를 식별해 낼 수 있다.

터쿼이즈 교육청 내 모집과
임용 과정 변화

터쿼이즈 교육청은 현행 인사 관행을 재평가하고 교육청의 목표 및 전략에 일치하도록 수정할 계획이다. 물론 이 교육청은 지원자들의 기본적인 자격 요건 충족 여부도 계속해서 심사할 것이다. 또한 그들은 지원자의 강점을 확인하고 학교와 팀이 필요로 하는 전문성을 식별할 수 있는 시스템을 만들기 위해 노력하고 있다. 터쿼이즈 교육청의 '자기설계형 교원 양성 학점 인증제(Grow-Your-Own Teacher Academy)' 프로그램 졸업생이거나 이전에 레지던트 교사 경험이 있는 지원자도 새로운 시스템에서 과거 이력이 등록될 수 있다. 마지막으로 터쿼이즈 교육청은 만성적으로 채워지지 않은 일부 공석에 대한 자금을 이체시켜 '팀 기반'으로 근무하는 레지던트 교사에게 급여를 지급하는 등 재원을 재분배하는 방식을 고려하고 있다.

교육자 역할 및 직업 경로의 변경

단일 교실의 위젯 교사를 넘어 분산된 전문성을 갖춘 교육자 팀을 효과적으로 구축하려면 인적 자원 관리 시스템의 역할과 작동 방식을 근본적으로 변경해야 한다. 교사 리더, 학교 기반 교사 교육자, 팀 간 교육과정 설계자와 같은 전문적인 교육자들의 새로운 역할이 인사 시스템 내에 공식적으로 구축되어야 한다.

전임 또는 기간제 고용 여부 등 역할의 유연성도 시스템 내에 구축되어야 한다. '1교사-1학급' 모델에서 멀어짐에 따라 은퇴한 교육자나 전직 교사가 집에서 벗어나 일주일에 10~15시간 동안 교육 현장으로 돌아올 수도 있다. 인사 시스템은 이러한 시나리오를 감당할 수 있어야 한다. 교사, 교장, 인사 전문가 및 기타 이해관계자는 협력하여 새로운 역할과 관련된 주요 책무를 결정하고, 해당 직위의 채용, 평가 및 지속적인 전문성 학습 방법 등을 함께 결정해야 한다.

인적 사원 관리 시스템은 또한 교육자 팀이 학습자의 요구 사항을 해결하기 위해 수행하는 실질적, 추가적인 역할과 책임을 인정, 추적 및 보상해야 한다. 교육자들은 급여 또는 간접적인 금전적 보상(예: 유급 휴가)이 수반될 때 실질적인 책임을 감수하도록 선택할 수 있어야 할 것이다.

많은 경우 스포츠 코치, 방과 후 클럽 운영, 학년별 부장 역할 등의 활동과 관련된 시간과 봉사 실적을 인정하는 제도가 이미 존재한다. 단, 수십(또는 수백) 개의 직무가 수반된 책임으로 인해 시스템을 과도하게 복잡화시키지 않는 것이 중요하다. 이러한 가운데 '팀 기반' 인력 배치로 생기는 핵심 역할과 책임을 공식적으로 인정하고, 체계적인 운영을 위해 더 많은 조치를 해야 한다.

팀 내의 새로운 직책, 유연한 근무 시간 체계 및 주요 책무를 인지하는 것 이외에도 인적 자원 관리시스템은 광의의 교육 관련 직업에 대한 새로운 경로를 인식하고 수용해야 한다. 보조교사(paraeducator)와 '자기 설계형 교원 양성 학점 인증제(grow-your-own Teacher Academy)'를 이수한 고등학생들의 직업 경로는 다양하고 지속 가능한 교육자를 잠재적으로 모집할 수 있는 조건이 된다. '팀 기반' 운영 구조를 고려할 때, 팀 내 역할이 구체화된 미래의 정규 교원이 팀의 구성원으로 일하고 훈련을 통해 책임의 범위가 증가하는 형태가 점차 가능해질 것이다.

예를 들어, 초등학교에서 일하는 보조교사를 떠올려 보자. 교육청과 교원 양성 고등교육기관은 보조교사 공인 교사가 될 수 있는 직업 경로를 구축하기 위해 노력하고 있다. 현재 대부분의 경우 교육시스템은 분리된 이원 체계(보조교사 또는 학급 교사)로 이루어져 있다.

그럼, 교원 양성 과정의 대안을 떠올려 보자. 읽기 교육/수업과 관련된 모든 교육과정에 우선순위를 부여하는 경로가 구축될 수 있으며, 보조교사는 해당 교육과정을 완료했을 때, 읽기(문해력) 전문 분야 이수를 인증받고, '팀 기반' 모델에서 읽기 교육 시 주요 역할을 배정받을 수 있다. 보조교사는 아직 자격을 갖춘 정규 교원이 아니지만, 인적 자원 관리 시스템에서 별도의 역할을 배정받고 시급 인상 및/또는 기타 성과급을 받을 수 있다.

교육청이 인적 자원 관리 시스템을 재설계하면서, 교육 관련 새로운 직업 경로를 식별하고 '팀 기반' 모델을 통해 교육자들의 직업 경로를 추적, 인정 및 보상하는 방법에 대해 창의적으로 생각할 수 있는 더 많은 기회를 제공하는 것이 중요하다.

터쿼이즈 교육청에서 교육자 역할 및 직업 경로의 변화

터쿼이즈 교육청은 이미 여러 관내 고등학교에 자기 설계형 교원 양성 학점 인증제(grow-your-own Teacher Academy)를 보유하고 있으며 지역 교원 양성 과정 제공기관과 협력하여 보조교사의 교직 진입 경로를 계획하고 있다. 또한 교육자 및 교장과의 협의를 통해 다음과 같은 새로운 전임 또는 시간제 교육자 직책을 신설하고 있다. 교사 리더(목표에 따라 교육자 팀을 효과적으로 배치할 책임이 있는) 및 팀 간(cross-team) 교육과정 설계자(4개 팀에서 작업하여 근무 시간의 60%는 프로젝트 기반 수업 단위(unit)에 대해 설계하고, 40%의 시간은 팀 및 학생과 협력하여 이러한 수업 단위를 실행하는 데 사용한다. 그들은 계속 학생 데이터를 활용하여 학생의 요구를 충족하기 위해 어떤 역할이 필요하며, 채용 및 고용 시스템에 필요한 추가 기능으로 어떤 것들이 있는지 식별할 것이다.

전문적 학습을 지원하고 인정하는
시스템으로 변화

　교육청이 기존 개인주의적 교직 모델에서 탈피하여 분산된 전문성을 갖는 팀 중심 미래 교직 디자인 모델로 개편함에 따라, 전문지식을 지원하고 인정하는 인적 자원 관리 시스템을 갖추는 것이 중요해질 것이다. 교육자의 업무 효과성을 개선하기 위한 직무 연수는 교직원 개인의 요구와 팀의 수요를 모두 포함하도록 전환되어야 한다. 이전 장에서 논의한 바와 같이, 전문성 학습은 더 이상 학습 환경과 분리된 "앉아서 배우는" 환경에서는 이루어질 수 없다. 대신 각 교육자에게 실제 직무 과정에서 수반되는 개인화되고 전문적인 학습 기회가 주어져야 한다.

　교육청은 특정 전문 분야를 특정한 방법으로 인증하고(예: 디지털 배지 또는 마이크로자격증), 그러한 과정들이 전문성 학습을 위한 요건 충족, 역량 계발 기회 및 보상 강화에 어떻게 누적적 형태로 기여되는지를 고려해야 한다. 하지만 현재는 많은 시스템에서 여전히 "학위 이상의 학점(credit hours beyond a degree)" 또는 일반화된 평생교육 단위(genericized continuing education units(CEUs)만을 인정하고 있다.

　교직원들이 팀에 필요한 분야에서 특정 전문성을 습득하도록 보상 체계가 작동하는 다른 세상을 상상해 보라. 팀에서 필요로 하는 특정 역량을 보완하는 역할을 명시하고 임용하는 상황을 상상해 보라. 교육자는 자신의 팀이나 다른 팀에서 요구하는 새롭고 다양한 역할과 기회에 접근하기 위해 전략적으로 역량을 향상할 것이다. 임용 프로세스가 훨씬 효율적이고 간소화될 수 있다.

　맞춤형 전문성 학습과 관련된 이익을 조직적으로 정의하기 위해 우리는 마이크로자격증을 취득하기 위한 학점 기준을 적정하게 설정해야 한다. 만약 기준이 너무 높으면 대부분의 교육자들은 자격을 취득하지 않을 것이며, 심화 학위를 중심으로 한 현재 시스템과 같은 불평등이 만연할 것이다(예: 학위 취득에 높은 비용과 시간 소요). 하지만 만약 기준이 너무 낮으면 의미가 없고 제대로 평가하는 데 비용이 많이 들며, 학습 성과를 드러내기 어렵다.

우리의 경험을 바탕으로 적정한 단위(크기)는 교육자가 약 10~12시간 안에 능숙해질 수 있는 역량을 취득하는 것이다. 이 과정에 시간을 투자하는 것이 이상하게 느껴질 수도 있다. 왜냐하면 우리는 이 과정들이 궁극적으로 역량을 발전시켜야 하고 빨리 달성할 수도 있지만, 느리게 달성해야 제대로 달성할 수 있다고 믿기 때문이다. 중요한 것은 이러한 전문성 학습을 위한 단위 과정은 (자격 인증을 위해) 축적될 수 있어야 한다는 것이다.

새로운 교육자 직위

"교사 리더"라는 새로운 교육자 직책을 상상해 보자. 세부 역할은 상황에 따라 다를 수 있지만 일반적으로 이들은 교육자 팀을 이끌고 팀 구성원의 효과적인 배치를 통해 모든 학생의 개별 심화학습 경험을 제공하기 위해 노력한다. 교사 리더는 다음과 같은 역량을 수행하기 위한 전문성이 필요하다.

① 팀 문화 구축
② 팀 목표 설정

③ 학생 데이터 분석 및 대응

④ 학습자를 지원하기 위한 팀 배치

⑤ 생산적인 갈등과 중요한 대화

⑥ 지지적인 코칭 전략

⑦ 팀원 관찰/평가(상황에 따라 선택 가능)

⑧ 분산된 전문성에 따른 인력 고용(매트릭스 기반 팀 직원 배치)

위에서 나열한 주제와 관련하여 실제 상황에서의 평가를 상상해 볼 수 있다. 평가를 통해 역량을 입증하면 교육자는 인적 자원 관리 시스템에서 자신의 팀 또는 다른 팀에서 해당 역할을 담당하기 위한 전문성을 보유한 것으로 인정받는다.

개인화되고 학점 단위로 누적 가능한 전문성 학습은 마이크로자격증 및 디지털 배지를 활용하여 기록되고 인정받을 수 있다. 연관된 학습은 지역 고등교육 기관, 기타 평판이 좋은 마이크로자격증 플랫폼을 통해 제공되거나 학교 시스템 내에서도 제공될 수 있다. 궁극적으로 교육자를 위한 개인화된 방식으로 교육 효과를 개선하게 되면 교육자 개인의 전문성 학습에 더 많은 자율성을 부여하는 동시에, '팀 기반' 학생 집단의 수요에 따라 전문성 학습을 선택하고 고려할 수 있게 되어 교육의 공정성이 증진될 수 있다.

터쿼이즈 교육청에서의 전문성
학습 지원 및 인정

터쿼이즈 교육청은 '1교사-1학급' 모델에서 '팀 기반' 미래 교직 디자인 모델로 전환할 때 팀을 위한 지침이 필요함을 알고 있다. 특히 팀이 신규 교사들의 고립감을 완화하고 적응을 촉진할 수 있음을 인식하고 있다. 이 교육청은 직무 연수 프로그램을 발전시키기 위해 가장 우수한 주립 대학과 협력하여 대학의 축적된 자산과 자원을 활용하고 있다. 대학은 교육자들을 대상으로 '팀 기반' 교육, 개별 심화학습의 본질을 이해할 수 있도록 안내하는 2일 이상의 집합 과정을 계획하고 있다. 또한 대학은 팀 차원에서 함께 실행 과정에서 제기될 문제들을 논의하면서, 지속 가능한 직무 연수 과정을 창출하는 방법에 관해 고민하고 있다.

마지막으로, 교육자는 교육자로서의 요구 사항과 학생의 요구 사항을 확인하고, 맞춤형 직무 연수에 자율적으로 참여할 권리가 있다. 교육청은 자체적 노력 및 지역의 교원 양성 제공기관과 협력하여 교육자가 새로운 전문 분야를 습득하고 업무 발전에 도움이 되도록 누적 가능한 마이크로자격증 과정을 개발하기 위해 노력 중이다.

효과적인 교육자 및 팀을 위한 평가와 보상 체계를 변화시키는 것

교육자 팀 모델을 구축할 때 새로운 평가 및 보상 체계도 고려되어야 한다. 교육청에서 학생 중심의 교수 학습 모델을 강조함에 따라, 교육자와 학교 지도자를 평가하고 보상하는 수단으로 표준화된 학생 성취도 점수(좁은 의미의 학생 성취)를 활용하는 관행을 벗어나야 할 것이다. 학생 및 교육자의 좀 더 폭넓게 평가하기 위해 새로운 관찰 도구, 학생 및 교육자 설문조사 등 다양한 측정 도구와 데이터를 생성할 수 있다.

대부분의 교사 평가 시스템의 약점은 잘 알려진 대로 학교 관리자가

행하는 평가의 관대화로 인한 오류, 학업 성취도(사실 학생의 가정소득과 더 밀접한 관계가 있기 때문에)로 교사를 평가하는 데 따른 오류 등이 있다. 현행 시스템은 정당한 의도로 설계되었지만 보완되어야 할 부분이 많다. 예를 들어, 오늘날의 규범적인 '1교사-1학급' 모델 체제에서든, 여러 교육자가 같은 학생을 가르치든, 한 명의 교사를 평가하는 데 활용되는 학생 성과의 결정은 때때로 매우 복잡하다.

논픽션 기사 등의 지문을 읽고 보고서 초안을 작성하는 학생들을 지도하는 1년 차 생물 실습 교사가 ELA(English Language Arts) 교사의 9학년 ELA 성취 점수를 토대로 한 평가 결과에 기여하는 정도는 얼마나 될까? 학급 운영 평가에서 '최상' 등급을 받은 2학년 담당 교사의 평가 결과 중 해당 학급에서 근무 시간의 50%를 보내는 노련한 교사의 기여도는 얼마나 될까?

요점은 오늘날의 '1교사-1학급' 모델에서도 학업 성취도에 영향을 주는 개별 교사의 역량이나 기여도가 어느 정도인지에 관한 추론은 매우 어렵다는 것이다. 학교에서 '팀 기반' 모델을 실행하여 교육자들이 종일 지속적으로 그룹화되고 재그룹화되는 학생들을 공동으로 지도할 때 어떤 일이 일어날지 상상해 보라. 때문에 교육자 평가 시스템은 '팀 기반' 작업의 본질을 고려하여야 한다.

대부분의 교육자 보상 체계가 평가 시스템을 부분적으로 반영하기 때문에, '팀 기반' 인력 배치 모델 채택에 따라 평가/보상 체계도 역시 함께 변화되어야 한다. 현재 많은 인적 자원 관리 시스템은 개인의 성과에 대해 보상한다. 이러한 시스템은 교사들 간 팀워크와 협업을 인식하지 못한 채 '1교사-1학급' 모델을 지속시킨다.

교육청은 '팀 기반' 모델을 인정하고 넓은 의미의 학생 성과를 고려할 수 있도록 교육자 평가 시스템을 재설계하는 것뿐만 아니라, 다른 분야에서 흔히 채택하는 것처럼 팀 단위 보상체계도 고려해야 한다. 단기적으로는 기존 개인에게 주어지던 보상 체제의 관행을 보완할 수 있다. 팀 성과에 대한 적절한 보상이 제공되고 교육자들이 팀 운영에 적합한 방향으로 '팀 기반' 보상 체계를 공동으로 계획 및 활용할 수 있다면 교육자의 자율성이 확대될 것이다.

미국에서 교사 개인은 학급당 연간 평균 약 450달러를 지출한다. 그런데 팀의 핵심 교육자 수 x 500달러만큼의 '팀 기반' 성과급이 있다고 상상해 보라. 팀 예산의 확보는 교사 개인의 지출을 절약하고 교육자들을 전문가로 존중하는 한편, 교육 성과를 팀 전체의 성과로 공유하고 공동의 성과를 위해 헌신하는 팀 문화 형성을 장려하는 데 큰 도움이 될 것이다.

터쿼이즈 교육청 내 효과적인 교육자와 팀을 위한 평가 및 보상 체계 변화

터쿼이즈 교육청은 팀을 이끄는 교사 리더에게 재정적 보상을 제공한다. 교육자 및 교장과 협력하여 교사 리더의 직무 책임, 선발 과정과 기준, 평가 시스템, 그리고 교사 리더를 교육하는 방법에 관한 기준을 만들고 있다. 또한 이 교육청은 미래의 교사 리더를 위한 자체적인 직무 연수 과정을 개발하고 있다.

터쿼이즈 교육청은 또한 교사 평가를 추구하는 인재상(Portrait of Graduate)에 일치시키고 있다. 이제 시험 점수로 학생 성과를 측정하는 것을 넘어서서 광범위한 지표들을 고려하고, 팀 수준의 관찰 도구를 평가에 포함시킬 것이다. 이 교육청은 협력을 중시하고 존중하는 평가 문화의 변화가 교사 간의 조정과 협력을 증가시킬 것으로 기대한다. 마지막으로 터쿼이즈 교육청은 새로운 평가 지표를 적용하여 팀 수준의 성과에 따라 팀에 성과급을 제공할 것이다. 교장 및 교육청이 공동으로 정한 가이드라인에 따라 팀 또는 학습자의 요구에 적합한 방식으로 팀 성과급을 자율적으로 사용할 수 있다.

'팀 기반' 미래 교직 디자인 모델을 위한
학교 차원의 재정 전략

'팀 기반' 성과급 혹은 새로운 책임이나 직책에 대한 수당이건 관계없이 많은 학교 관리자는 지금까지 설명한 '팀 기반' 인력 배치 모델에 대해 듣고 나서 비용이 더 많이 들 것이라고 생각했다. 확실히 그럴 수도 있다. 그리고 미국 교육을 위한 재정 투자 수준을 생각해 볼 때 아마도 그래야 할 것이다. 그러나 이러한 '팀 기반' 모델을 구축하는 시스템과 학교에서는 그 과정에서 비용이 반드시 증가한다기보다는 타협과 절충이 필요함을 확인했다. 트로곤 초등학교와 퀘일 고등학교의 전략은 이러한 타협과 절충 사례를 잘 보여주고 있다.

트로곤 초등학교의 재정 전략

올모스 교장은 트로곤 초등학교에서 미래 교직 디자인 구축을 진행하면서 새로운 재정 모델을 고려하고 있다. 이를 위해 학교의 재정 운용 방식을 변경하였다. 올모스 교장은 매년 공석이 있어 직원을 배치하기 어려운 유치원부터 3학년 단계 정규직 직위 4개를 줄였다. 이렇게 하면서 그는 교사당 53,000달러씩, 총 212,000달러를 절약했다.

올머스 교장은 학교 및 팀 내 전문성 신장을 촉진하기 위해 지역 내 교원 양성 대학과 파트너십을 맺었고 직무 연수에 소요되는 비용 40,000달러를 절약했다. 만약 터쿼이즈 교육청이 교육청 전체 수준에서 이러한 전환을 시행할 경우 얼마나 더 절약할 수 있는지 계산해 보라. 올머스 교장은 총 252,000달러를 절약하고 있다.

그는 252,000달러의 절감된 예산 중 229,000달러를 재할당하여 다음 영역에 사용하려고 한다.

- 8명의 레지던트 교사 수당: 각 15,000달러씩 총 120,000달러.
- 2명의 교사 리더 수당: 각 5,000달러씩 총 10,000달러.
- 학습 장애 전담 교사 급여: 연봉 75,000달러.
- 2명의 지역사회 교육자 급여: 각 12,000달러, 총 24,000달러.

학생 대 교사 비율

올머스 교장은 레지던트 교사를 고용했기 때문에 학생 대 교사 비율은 증가하지 않았다. 실제로 학생 대 교사 비율은 보조교사, 레지던트 교사 및 정규 교원의 투입을 계산해 보았더니 16:1에서 13:1로 감소했다.

주간 공동 계획 학습 블록(Weekly Rotating Learning Blocks)

교육자들이 공동 계획을 위한 충분한 시간을 가질 수 있도록 올머스 교장은 트로곤 학생들을 위한 매주 프로젝트 기반의 학습 블록 시간을 지정하여, 사서 및 미디어 전문 교사가 중심이 되어 이끌도록 하고 특별 교사와 보조교사 및 교육자가 지원할 수 있도록 하였다. 이에 앞서 언급 했던 올머스 교장의 학교 예산 변경으로 교육자들에게 급여를 지급할 수 있었다. 이제 매주 금요일마다 각 핵심 교육자 팀별로 약 2시간 30분의 공동 계획 시간을 갖는다. 오전에는 유치원-1학년 팀, 낮에는 2-3학년 팀, 그리고 오후에는 4-6학년 팀이 공동 계획 시간을 갖는 것이다.

추가 전략:
대체와 할당 과정의 유연성(Repurpose Substitute Allocations)

교육자가 부재 시 한 교실에 한 명의 대체교사를 배치하는 대신, '팀 기반' 인력 모델에서는 학생들을 그룹으로 편성하여 다른 교육자가 부재한 동료를 대신할 수 있다. 이를 통해 학생들을 교육하는 성인 교육자를 일관성 있게 유지할 수 있을 뿐만 아니라, 약 48,000달러(또는 팀당 약 6,000달러) 상당의 절약된 예산은 '팀 기반' 모델에서 다른 역할을 보강하기 위해 활용될 수도 있다. 교장은 주간 학습 블록을 촉진하는 시간제 프로젝트 기반 커리큘럼 설계자를 고용하거나, 잠재적으로 더 많은 지역사회 교육자를 고용할 수도 있다.

퀘일 고등학교의 재정 전략

퀘일 고등학교의 옥파라 교장은 미래 교직 디자인 구축을 지속하기 위한 재정적 변화를 모색하고 있다. 옥파라 교장은 선택과목 중 목공

예와 개인 금융이 다른 선택과목에 비해 학생 수가 지속적으로 적었다는 점을 인식하고, 이 두 과목을 선택과목에서 제외하고 지역사회 교육자를 영입하여 해당 콘텐츠 영역을 학생 주도 프로젝트 기반 교육의 일부분으로 통합하여 운영하려고 한다. 그녀는 각 56,000달러의 비용이 드는 목공예와 개인 금융 두 과목의 전임 교사 직위를 없애면서 총 112,000달러를 절약할 수 있다.

옥파라 교장은 이 재원을 팀 교사 리더와 지역사회 교육자에게 재할당하여 지급하려고 한다. 구체적으로 그녀는 다음과 같이 재원을 사용하려고 하는 것이다.

- 8명의 교사 리더 수당: 5,000달러, 총 40,000달러.
- 6명의 지역사회 교육자 수당: 각각 12,000달러씩 총 72,000달러.

전체적으로 옥파라 교장은 두 명의 교사를 감원하여 절약한 112,000달러의 재원을 재투자하여 더 많은 지역사회 교육자를 퀘일 고등학교의 '팀 기반' 모델에 도입하는 동시에, 새로운 교직 진입 경로를 만들고 있다.

수업 시간의 전략적 통합(Stacking Teaching Time)

옥파라 교장은 여러 팀이 공동 계획 시간을 보다 많이 가질 수 있도록 지원하기 위해 수업 시간을 전략적으로 통합하기로 결정했다. 예를 들어 9학년 핵심예술 팀과 지속 가능성 팀이 오전에 수업을 하고 학생들이 오후에 선택과목을 수강하는 동안, 이 두 팀은 공동 계획 시간을 가질 수 있다. 다른 팀들은 이와 반대로 하거나(학생들이 선택과목을 오전에 수강하는 동안 오전에 팀 공동 계획을 하고, 오후에 팀 수업), 수업을 분할(아침에 수업을 하고, 학생들이 선택과목을 수강하는 동안 오전 일부와 오후 일부에 팀 공동 계획, 이후 오후에 다시 수업 진행)할 수도 있다. 궁극적으로 학교 재원과 직원 배치상의 변화에도 불구하고 비용은 변하지 않는다.

추가 전략:
다른 직위의 감원을 통한 재원 용도 변경

옥파라 교장은 학교 관리자, 수업 조교, 학사 지원, 그리고 미디어 전문가 등을 시간 분할 또는 재배치가 가능한 직위로 탄력적으로 운용하여 상시 직원 감소에 대해 고려하고 있다.

팀 계획 시간을 늘리기 위해
팀 내 그룹 재편성

옥파라 교장은 교사 리더가 팀 회의를 준비할 시간이 필요하다는 점을 고려하고 있다. 옥파라 교장은 탐구/프로젝트 기반 블록 학습 시간을 수요일마다 운영하여 핵심 교육자 팀이 학생 중심 콘텐츠 수업을 끝내고 모든 팀 교사 리더가 함께 참여할 수 있도록 하는 것을 고려한다.

결론

교육 분야의 인적 자원 관리 시스템은 채용 과정에서뿐만 아니라 평가 및 보상 과정에서도 '1교사-1학급' 모델을 지속하도록 설계되었다. '팀 기반' 미래 교직 디자인 모델을 구축하려면 교육자, 학교 관리자 및 인사 전문가 간의 실질적인 조정과 협업이 필요하다. 이 장 전체에서 설명한 예시들은 교육청이 재정적으로 지속 가능한 '팀 기반' 모델을 만들 수 있었던 방법을 중점적으로 보여주고 있다. 학교에서는 절충안을 만들고 재원을 재할당했다. 인적 자원 관리 시스템을 재설계하기는 결코 쉬운 일이 아니다. 그러나 '팀 기반' 모델의 효과와 장기적인 지속 가능성을 보장하는 데는 확실히 도움이 될 것이다.

10장 낙관주의와 교육시스템의 변화

우리는 교육에 종사하는 다양한 사람들로부터 많은 이야기를 들었다. 많은 사람들이 학교 내 학생과 성인들의 발전을 위한 목적을 수행하면서 합리적인 시스템으로 이동하기를 원하지만, 그 방법에 대해서는 회의적인 의견들이 있다. 우리가 수십 년 동안 행해온 '1교사-1학급' 모델을 계속 고수한다면 교육이 직면한 거대한 도전에 대한 해결책을 찾을 수 없을지도 모른다.

교육과정 혁신, 기술적 솔루션, 진정한 잠재력을 갖춘 많은 제품과 프로그램 등 훌륭한 진전이 이루어지고 있다. 그러나 대부분은 현재 시스템에서 실현 가능하지 않거나 적합하지 않다. 교사는 한 가지 이상의 역할을 혼자서 수행할 수 없다. 그들은 협력할 수 있는 팀을 필요로 한다. 그들은 의지하고, 위임하고, 서로 배울 수 있는 다양한 역량의 정도와 조합을 가진 동료를 필요로 한다. 우리가 팀을 위한 솔루션, 개인화된 심화학습, 전문화 및 진보에 대해 생각한다면 아마도 우리의 해결책은 시스템을 실질적으로 변화시키고, 더 공평하고, 장기적으로 더욱 지속 가능하게 할 수 있을 것이다.

이 책 전반에 걸쳐 우리는 팀 구성이 가져올 수 있다고 믿는 희망과 낙관주의를 제시한다. 변화시켜야 할 부분이 많다는 점도 알고 있다. 하지만 충분한 수의 학교, 교육청, 정책결정자, 재정 지원자 및 고등 교육 기관들이 함께 힘을 모은다면 교육자를 위한 더 나은 근무 조건과 교사와 학생 모두에게 좋은 성과를 가져오면서 더욱 평등한 학습 환경을 만들 수 있을 것이다.

교육은 다차원적이고 동시다발적이며 예측할 수 없는 사건들이 발생하는 복잡한 활동이다. 팀 구성은 이 복잡한 활동을 관리 가능한 부분으로 나눌 수 있게 도와준다. '팀 기반' 모델은 교실에서 발생하는 동시다발적 활동에 압도되어 발생하는 교사의 감정 소진과 인지적 과부하를 모두 감소시킬 수 있다. '팀 기반' 모델에서는 교사가 결근해야 할 때 유연하게 대처할 수 있다. 또한 초임 교사를 숙련된 교육자와 함께 팀에 배치함으로써 멘토링과 코칭이 실시간으로 이루어질 수 있어 교사가 '1교사-1학급' 모델에서 느끼던 고립감을 구조적으로 해소할 수 있다.

모든 팀 구성원은 서로 다른 경험과 전문성을 가진 타인들과의 협력을 통해 발전한다. 팀 체제는 보조교사가 제네럴리스트(generalist)에서 특정 분야의 전문성을 보유한 스페셜리스트(specialist)로 발전할 수 있도록 지원하며, 이로 인해 결국 보조교사는 일반적인 업무와 특정한 전문 역할을 모두 수행할 수 있게 된다.

교육 현장에서 지역사회 교육자의 존재는 "누가 교육자가 될 수 있는지"에 대한 인식을 확장하고, 교육자의 다양성을 넓히는 데 도움을 준다.

팀을 통해 우리는 학생들에게 학문적으로나 사회적으로 성공하는 데 필요한 개별 심화학습 경험을 제공할 수 있다. 학업적 성과 이외에도 '팀 기반' 교육에는 잠재적인 사회적 이점이 존재한다. '팀 기반' 학습은 학생들의 사회적 자본, 즉 학생들의 잠재력과 목표를 발전시키는 데 필요한 사회적 관계에 접근할 수 있게 한다. 또한 이를 활용하는 능력을 증가시키는 데 결정적으로 작용할 수 있다.

팀은 관계의 양을 늘려 학생들이 필요한 지원을 찾을 가능성을 높인다. 또한 관계의 질, 즉 교육자와의 관계가 학생들의 대인관계, 발달적, 교육적 요구를 충족시키는 정도; 교육자들이 자신의 관심사에 따라 전문적이고 개인적인 방식으로 어떻게 연결되어 있는지 보여주는 사회적 네트워크의 구조; 관계를 활용하는 능력, 즉 적시에 적절한 사람을 활용하는 방법을 터득할 가능성을 높인다. 더 많은 교육자의 조력은 학생들에게 더 많은 시선과 관심을 줄 수 있음을 시사한다. 더 많은 교육자의 조력은 학생의 장점과 학생의 고유한 특성을 더 잘 이해하고 평가하는 방법에 대한 더욱 다양한 관점을 제공한다.

향후 연구 방향

교육 연구자들은 교사 협력, 리더십의 분산, 전문적 학습 공동체 등 담임의 장점에 대하여 수년 동안 고민하고 연구 결과를 제공해 왔다. 우리는 문제 해결 학습 또는 프로젝트 기반 학습과 같은 개별 심화학습에 학생들이 참여하며 얻을 기회와 장점을 알고 있다. 우리는 사회적 자본, 주체성 및 자기효능감 구축이 성인과 학생 모두에게 주는 이점을 이해하고 있으며 이러한 이점은 과목별 모범 수업 사례를 살펴보면서 계속 열거할 수 있다.

우리는 이 모든 것을 살펴보고 나서 핵심 결론에 도달했다. 더 공정한 교육 결과를 원한다면 분산된 전문성을 갖춘 교육자 팀을 구축하여, 모든 학생에게 개별 심화학습 경험을 제공할 수 있어야 한다. 이러한 접근 방식을 통해 우리는 교직에 진입하고, 전문성을 기우고, 진급하는 더 나은 경로를 만들 수 있다.

이제 우리는 이러한 모델이 어떻게 구축되고, 어떻게 기능하며, 우리가 믿는 장점이 실제로 작동하는지에 관하여 기존 문헌을 기반으로 더 많은 연구가 필요하다. 우리는 모델, 교육자 및 학습자를 연구하려고 한다. 아래 서술하는 내용은 우리가 설정한 연구 질문을 보여주고 있으며, 많은 중간(과도기적) 성과를 탐색하고자 한다.

모델

- 필수 요소 : 미래 교직 디자인 모델을 정의하는 필수 요소는 무엇인가? 상이한 단계별로 특정 요소가 다른 요소보다 더 중요한가?
- 실행 : 모델은 어떻게 실행되는가?
- 전환 : 학교와 교육청은 지속 가능한 미래 교직 디자인 모델로 어떻게 전환하는가?

교육자

- 효율성 : 미래 교직 디자인 모델의 교육자가 더 효과적으로 일하는가?
- 다양성 : 미래 교직 디자인 모델은 교육자 구성의 다양성과 어느 정도로 연관성이 있는가?
- 교직 만족도 : 모델이 교육자의 채용, 유지 및 직업 만족도에 어떤

영향을 주는가? 팀에서 가르치는 교사는 교직에 머무르고, 직업에 만족하고, 지지를 더 많이 받고 있다고 느낄 가능성이 더 높은가?

학습자

- 학업적 성장 : 모델이 학업 성과에 미치는 영향은 무엇인가?
- 사회-정서적 성장 : 모델이 사회적, 정서적, 동기 부여 및 인지적 역량에 미치는 효과는 무엇인가?
- 사회적 자본 형성 : 모델이 학생들의 다양한 소셜 네트워크 접근에 어떤 영향을 주는가?
- 형평성 지표: 모델은 어떻게 성취 격차를 완화할 수 있을 것인가? 모델은 어떻게 학습 성과 및 복지 관련 성과를 증가시키는가?

과거의 모든 연구는 우리가 주목하는 팀의 시너지 효과와 관련이 있다. 우리는 팀, 팀 구성, 공동수업, 리더십 분산 등에 관한 초기 연구부터 시작한다. 우리는 또한 효율적이고 효과적인 시행 과정을 추적할 수 있는 시스템을 구축하는 방법에 관하여 학교와 학교 시스템의 조언을 필요로 한다. 미세하게 조정하고 조율하는 과정이 없다면 시행 과정에서 학생들이 감당해야 할 비용이 클 것이다. 우리는 어떤 데이터 시스템을 구축할지를 고려하면서, 책임성 담보 체제 및 교사, 학습자 및 가족 간의 피드백 순환 구조도 함께 고려해야 한다. 이 모든 것이 반드시 동등하지는 않으며, 이론적 모델을 구축하여 학생들을 위한 학업, 사회 정서적인 지원에 가장 중요한 것이 무엇인지에 대해 먼저 테스트가 필요하다.

미래 교직 디자인 모델이 교사와 학생에게 미치는 다양한 영향을 이해하는 데에는 시간이 걸릴 것이다. 그러나 우리의 초기 발견은 낙관적이다. 미래 교직 디자인 모델에 참여하는 교사들은 팀 문화 및 개별 심화학습 경험의 향상, 학습자를 위한 공정성 제고, 개인 및 조직 차원의 이점 증가에 관해 보고하고 있다.

시작하는 지점

21세기를 위한 교육 인력을 재구상하려면 회복탄력성과 신뢰에 기반한, 구성원과 기관이 공동으로 위험을 감수하고 공유하는 강력한 협력적 파트너십이 필요하다. 파트너십의 구성원으로는 정책결정자, 유·초·중등학교 및 교육청, 비즈니스 리더, 비영리 청소년 봉사단체 지도자 등이 포함되어야 한다. 21세기의 교육 인력은 교수 학습 환경이 지역사회 전체의 중심이 되어야만 성공할 수 있다. 보다 효과적인 학교와 교직을 설계하는 것은 시민 사회를 위해 시민 사회적인 대응이 수반되는 도전 과제이다. 우리는 교육 정책, 교육과 경제적 건전성 간의 관계, 그리고 학교가 속해 있는 지역사회의 문제를 함께 해결할 수 있는 협력 파트너십을 구축해야 한다.

학교와 교육청이 할 수 있는 일

이 모든 것의 실행은 감당하기 어려울 수 있고, 다루기 힘든 분야의 경우 어디서부터 시작해야 할지 알기 어렵다. 한 번에 모든 것을 할 수는 없다. 우리는 이러한 아이디어를 이해하고 진정으로 변화에 대비할 수 있는 훌륭한 학교 리더(초등학교, 중학교 단계)를 찾을 것을 제안한다. 학교 리더들에게 앞으로 나아갈 수 있고 결과를 낼 수 있을 만큼 충분히 오랫동안 지지할 의사를 밝히자. 또한 변화에 대한 준비가 되어 있고 함께 일할 수 있는 한두 그룹의 교사를 찾아볼 것을 요구하자. 계속 가보자. 더 많은 리더를 찾고 더 많은 팀을 찾아 전체적인 학교 모델을 구축해 보자. 리더를 따르자. 이를 뒷받침하기 위한 인적 자원 시스템을 구축해야 하지만, 학교 차원에서 필요한 것이 정확히 무엇인지 알게 될 것이다.

도움을 주기 위해 우리는 '팀 기반' 미래 교직 디자인 모델로 전환하는 네 가지 단계를 살펴보았다. 탐색, 시작, 확장, 및 유지가 그것이다.

- 탐색: 탐색 단계에서 학교는 미래 교직 디자인 모델에 대해 더 많이 배우는 데 관심이 있으며, 수습 교사들 중심으로 팀 구성을 이미 실험하고 있을 수도 있다. 또한 학습자 중심 수업 모델의 토대를 마련하고 있을 수 있다. 교육청은 이 모델을 시행할 준비가 된 학교를 식별할 수 있다.
- 시작: 학교는 소수의 팀을 시범적으로 운영할 수 있다.
- 확장: 학교는 미래 교직 디자인 모델을 학교 전체로 확장하여 시행한다. 학교는 준비 상태와 자원이 허용하는 한 팀을 추가적으로 구성하는 데 중점을 둔다.
- 유지: 학교는 미래 교직 디자인 모델에서 학생과 교육자를 지원하는 방법을 지속적으로 개선, 보완하고 있다.

이제 100~500개의 교육구가 이러한 방향(탐색, 시작, 확장 및 유지)으로 이동하기 시작한다고 상상해 보라. 처음에는 최소한 구성되는 팀의 수가 학교 수와 같을 수 있지만, 참여하는 팀의 수가 단시간 내에 기하급수적으로 늘어날 수 있다. 교육자들이 함께 일할 수 있는 방식으로 설계할 때, 우리는 교육자들 개인의 책임과 부담을 완화하면서 교육자들의 유연성과 창의성을 제고할 수 있다.

우리는 또한 개인뿐만 아니라 팀 차원에서 책무성이 의미하는 바가 무엇인지, 그리고 교육자 평가 및 직업 경로에 의미하는 바가 무엇인지 고민해야 한다. 다양한 강점과 역량을 보유한 다양한 동료들과의 팀 작업은 교육자들에게 보다 지적인 성장을 장려하는 환경, 더 많은 리더십 기회 및 개인의 전문성 성장 경로를 설계할 때 더 많은 기회를 제공할 것이다. 마지막으로, 물론 재정적 및 보상 측면의 함의가 있다. "지금까지 고수해 온 모델보다 더 많은 비용이 필요할 것인가?"라는 질문은 적절한 질문이 아니다. 왜냐하면 팀 모델은 몇 가지 예외적인 지역을 제외하고는 여전히 충분한 재정 지원을 받지 못하고 있기 때문이다. 하지만 우리는 상이한 역할에 대한 차별화된 급여 제공을 고려하면서, 비용 중립적으로 수행할 방법을 모색해야 한다.

정책결정자가 할 수 있는 일

정책결정자가 교육자들을 신뢰하고 그들과 함께 일할 수 있도록 하는 성과를 어떻게 확인하고 달성할 수 있는가? 교사 부족의 근본 원인은 공립학교, 차터스쿨 및 사립학교 모두에 영향을 준다. 모든 학교와 모든 교육청은 유능한 교사를 유치하고 붙잡는 데 관심이 있다. 교육자의 진입을 제한하는 정책은 인재를 유치하고 재능을 계발할 수 있는 창의성을 허용하지 않는 반면, 단지 직원의 긴급한 수요에 대처하기 위해 진입 자격을 제한 없이 개방하는 정책은 종종 교육의 질을 저하할 뿐만 아니라 유능한 교육자를 제도 내에서 유지하는 능력도 함께 저하한다.

그러나 많은 경우의 정책이 좋은 의도라 할지라도 아이들에게 좋은 결과를 제공하는 데 방해가 되는 것을 볼 수 있다. 정책은 또한 종종 모순되는 경우가 있으며 객관적 데이터보다는 일화에 의해 좌우된다. 정책결정자들은 맥락(상황)이 중요하다는 현실을 훨씬 더 인식해야 한다. 특정 상황에서 학습자에게 효과가 있는 정책은 실제로 다른 상황에서 학습자에게 유해한 경우도 있다. 교육 인력의 성공적인 재구상을 위해서는 정책 세계에서의 챔피언 및 파트너와 협력하여 상황을 제대로 인식하고 단기적 완화 조치보다는 시스템의 근본적인 변화를 위해 교육자와 협력해야 한다.

정책결정자는 기존 정책을 검토하고 새롭게 재구조화하는 데 방해되는 요소를 제거해야 한다. 정책결정자들은 전체 교육시스템을 지원하고 모두를 위한 창의성과 성과를 높이는 정책과 보상 체계를 만들어야 한다. 교육 인력 설계에 대한 모든 진지한 논의는 재정 지원, 접근성 및 공정성 문제를 명확하게 다루어야 한다.

기업들과 산업계에서 할 수 있는 일

지금이야말로 기업과 교육 간의 관계를 진정한 업무 파트너십으로 재설계해야 할 때이다. 기업은 교육시스템을 교육 인력 제공의 원천 이상으로 보아야 하며, 교육자는 기업을 물질적 자원의 원천 이상으로 바라보아야 한다. 기업은 전문성을 발휘하여 학교 시스템을 전폭적으로 지원하는 방식으로 기꺼이 협력해야 한다. 그리고 기업의 리더는 자신의 분야의 복잡성을 이해하는 것과 같은 방식으로 교육의 복잡성을 이해하는 개방성을 길러야 한다.

교육 리더는 교육자에게 필요한 정보를 제공하기 위해 다른 산업 분야로부터 기꺼이 배울 수 있어야 한다. 우리의 현재는 이제 시작 단계에 불과하다. 다른 부문 기업 리더는 복잡한 조직 설계에 대한 기존 경험이 있으며, 참여할 기회가 전향적으로 주어진다면 교육자를 재설계하고 배치하는 방법에 대한 통찰력을 제공할 수 있다.

교원 양성 과정이 할 수 있는 것

말할 필요도 없이 미래 교직 디자인 접근이 교원 양성에 시사하는 함의는 거대하다. 교육자들이 개인 학습자 및 동료, 부모 및 지역 사회 조직, 민간 및 공공 부문의 파트너 등 다양한 사회적, 조직적 수준에서 일할 수 있게 되기를 원한다면 다음과 같은 교육자의 마음과 성향을 길러줘야 한다.

첫째, 우리는 현재 학생들의 경험이 어떠한지를 점검하고, 새로운 학교 경험을 제시하기 위해 교원 양성 과정이 변화하는 과정을 숙고해야 한다. 구조적으로 검토해 봐야 할 문제로는 자격 인증, 평가, 학생 성과 및 기대치를 바라보는 방법 등이 포함된다. 학교가 아이들에게 시민 사회의 이념과 실천을 소개하는 곳이라면, 교육 현장은 시민사회를 보다 더 잘 반영해야 한다. 교직의 다양화, 조직 구조의 변화, 경력에 따라 누진적으로 상승하는 급여 기회의 증가는 모두 교사, 학생, 가족, 지역 사회 조직 및 기업에 교육 현장을 더욱 매력적으로 만들 수 있다.

교원 양성은 고립된 시스템을 벗어나 팀 구성원으로서 교육자들이 올바른 질문을 하고, 불확실성을 탐색하고, 가장 어려운 도전 과제에 대한 해결책을 설계하고 생성할 수 있도록 준비시켜야 하며, 이는 특히 학생들에게 보다 개별 심화학습을 제공하는 교육 방식으로 이동함에 따라 중요한 문제이다. 교원 양성 과정은 학습 환경이 어떨지에 대한 예측 모델이 되어야 한다. 예비 교사에게 맞춤형 학습을 제공하는 것은 어린 학생들의 학습을 개별화할 수 있는 방법을 찾도록 도와줄 것이다.

교원 양성 과정 또한 '팀 기반' 현장 실습을 적용하여 학교의 변화 실행을 위한 파트너십과 인적 자산(예비 교육자 및 교수진)을 활용하는 방법에 대해 고려해야 한다. 교육자 양성 과정이 "모든 교육과정을 이수한 다음 임상 실습을 수행하는" 준비 모델에서 어떻게 벗어날 수 있는가? 예비 교사에게 제공해야 하는 학습 경험의 올바른 조합과 순서는 무엇인가? 예비 교사의 경험과 전문성을 기반으로 교사 준비 경험을 차별화하기 위해 어떤 선택과 의견을 제공해야 하는가?

보호벽 구축

'팀 기반' 모델을 구축하는 데는 항상 잠재적인 위험이 있으므로, 보호벽을 강력하게 구축하여야 한다. 우리는 지역사회 교육자나 전문 교사로서 충분히 준비되지 않은 교육자에게 지나치게 의존하여 교직의 전문성을 훼손할 수는 없다. 교직 사회의 다양성을 구성하고자 하는 열의로 인해 전문성이 덜 요구되는 직종을 유색인종 교사들로 채우는 학급 구조로 끝나지 않도록 유의해야 한다. 우리는 팀을 구성할 때 팀 문화에 주의를 기울여야 한다. (오늘날의 '1교사-1학급' 모델에서는 이러한 일이 너무 자주 발생하지만) 학습자가 빈틈 사이로 떨어져 낙오되지 않도록 시스템을 견고하게 구축해야 한다. 우리가 추구해 온 개선과 효과가 나타나는지를 확인하기 위해 충분히 오래 이 모델을 유지해야 한다. 전체 시스템을 변화시키는 데는 시간이 걸리는 반면, 원래 시스템으로 되돌아가는 방법이 항상 더 쉬워 보일 것이다.

당장 큰 비용을 들이지 않고 취할 수 있는 몇 가지의 시작 단계가 있다. 교육청은 기존 교육 인력을 활용하고 유지하면서 더 나은 목적을 위해 자금을 재할당할 수 있다. 우리는 이 과정을 지나치게 복잡화할 필요가 없다. 우리는 먼저 (변화하고자 하는) 의지를 찾고, 의지를 가지고 실행해 나갈 수 있도록 약간의 자율성과 시간을 제공하기만 하면 된다. 우리는 여전히 팀에 대해 많이 알아야 하고 팀이 학습자를 더 잘 지원할 방법에 대해 배워야 할 것이 많지만, 이미 특수교육 등 교육 분야 및 의료, 비즈니스와 같은 다른 분야의 동료들로부터 팀 구성의 중요성에 관하여 많은 것을 들어서 알고 있다.

최종 메시지

해야 할 일은 너무 많고 학습자들은 기다릴 수 없다. 교육을 괜찮은 직업으로 보는 사람이 너무나 적고, 많은 사람이 너무 빨리 떠나고 있다. 너무 많은 학생이 경제적, 민주주의 또는 공정한 결과를 위해 필요하거나 충분히 받을 자격이 있는 교육을 받지 못하고 있다. 미래 교직 디자인 모델을 실행하는 데 만능인 접근 방식은 없으며, 우리는 맥락이 중요함을 이해한다. 우리는 모델(의 효과성)에 관해 처방하고 있는 것이 아니며, 이를 명확히 하고자 한다. 오히려 우리는 교육청과 학교는 교육자들이 협력하고, 함께 배우고, 모범 사례를 통해 최상의 방법으로 학생들에게 봉사하는 시스템을 어떻게 구축하고, 시험하며 변화시키는지를 탐구하고 있다.

우리는 더 많은 사람이 교직을 괜찮은 직업으로 고려할 수 있도록 시스템을 근본적으로 바꾸려고 한다. 더 많은 부모가 아이들에게 교직이 고귀하고 명예롭고 즐거운 직업이라고 말할 수 있을 것이다. 그리고 다양한 사람들이 교직을 포용적이고 환영하는 공동체로 볼 것이다. 미래 교직의 교육자는 민첩하고 유연하며 역동적이어야 한다.

시스템의 변화는 신뢰할 수 있는 속도로 이루어져야 하지만 더 이상 미룰 수 없다. 수십 년간의 학교 개혁 이후 교육 구조나 시스템, 특히 교사의 기능과 역할은 거의 바뀌지 않았다. 그 어느 때보다 기술이 우리에게 가까이 다가왔으며, 교사가 학습자에게 필요한 모든 것을 알고 수행할 수 있어야 하는 상황에서 '1교사-1학급' 모델을 고수하기에는 세상이 너무 빠르게 변화하고 있다. '1교사-1학급' 모델은 지속 가능한 모델이 아니다. 미래에 적합한 교직 재설계는 이제 필수 사항이 되었다.

| 참고문헌 |

Aguliar, E. (2013, January 28). Deeper learning means educational equity in urban schools. Ehttps://www.edutopia.org/blog/deeper-learning-educational-equity-urban-school-elena-aguilar

Arizona State University. (n.d.). Cost of college and financial aid for graduate students. Retrieved January 25, 2022. https://admission.asu.edu/aid/graduate

Audrain, R. L., Weinberg, A. E., Bennett, A., O'Reilly, J., & Basile, C. G. (2022). Ambitious and sustainable post-pandemic workplace design for teachers: A portrait of the Arizona teacher workforce. In F. M. Reimers (Ed.), Primary and secondary education during covid-19: Disruptions to educational opportunity during a pandemic (pp. 353–381). Springer International Publishing. https://doi.org/10.1007/978-3-030-81500-4_14

Batruch, A., Autin, F., Bataillard, F., & Butera, F. (2019). School selection and the social class divide: How tracking contributes to the reproduction of inequalities. Personality and Social Psychology Bulletin, 45(3), 477–490. https://doi.org/10.1177/0146167218791804

Boveda, M., & Weinberg, A. E. (2020). Facilitating intersectionally conscious collaborations in physics education. The Physics Teacher, 58(7), 480–483. https://doi.org/10.1119/10.0002066

Bureau of Labor Statistics. (2022). Occupational outlook handbook, teacher assistant. U.S. Department of Labor. https://www.bls.gov/ooh/education-training-and-library/teacher-assistants.html

Carver-Thomas, D. (2018). Diversifying the teaching profession: How to recruit and retain teachers of color. Learning Policy Institute. https://doi.org/10.54300/559.310

Charania, M., & Fisher, J. F. (2020). The missing metrics: Emerging practices for measuring students' relationships and networks (p. 29). Christensen Institute. https://www.christenseninstitute.org/wp-content/uploads/2020/07/THE-MISSING-METRICS.pdf

Cuban, L. (2018, December 9). Whatever happened to team teaching? Larry Cuban on School Reform and Classroom Practice. https://larrycuban.wordpress.com/2018/12/09/whatever-happened-to-team-teaching/

Darling-Hammond, L. (2001). The challenge of staffing our schools. Educational Leadership, 58(8).

Darling-Hammond, L., & Oakes, J. (2019). Preparing teachers for deeper learning. Harvard Education Press.

Education Commission. (2020). Transforming the education workforce: Learning teams for a learning generation. https://educationcommission.org/wp-content/uploads/2019/09/Transforming-the-Education-Workforce-Full-Report.pdf

Elmore, R. F. (2004). School reform from the inside out: Policy, practice, and performance. Harvard Education Press.

Every Student Succeeds Act, 20 U.S.C. § 6301. (2015). https://www.congress.gov/bill/114th-congress/senate-bill/1177

Feiman-Nemser, S. (2001). From preparation to practice: Designing a continuum to strengthen and sustain teaching. Teachers College Record, 103(6), 1013–1055. https://doi.org/10.1111/0161-4681.00141

Gallup. (2017, June 8). How to keep kids excited about school. Gallup.

Com. https://news.gallup.com/opinion/gallup/211886/keep-kids-excited-school.aspx

Goldhaber, D., Krieg, J., Naito, N., & Theobald, R. (2020). Making the most of student teaching: The importance of mentors and scope for change. Education Finance and Policy, 15(3), 581–591. https://doi.org/10.1162/edfp_a_00305

Goldring, R., & Taie, S. (2018). Principal attrition and mobility: Results from the 2016-17 principal follow-up survey: First look. U.S. Department of Education.

Greene, P. (2019, September 5). We need to stop talking about the teacher shortage. Forbes. https://www.forbes.com/sites/petergreene/2019/09/05/we-need-to-stop-talking-about-the-teacher-shortage/

Hassel, E. A., & Hassel, B. C. (2021). Opportunity anew: How excellent educators can lift up their colleagues, students, and the nation in the wake of covid-19 (p. 7). Opportunity Culture. https://files.eric.ed.gov/fulltext/ED611546.pdf

Hewlett Foundation. (2013). Deeper learning competencies. https://hewlett.org/wp-content/uploads/2016/08/Deeper_Learning_Defined__April_2013.pdf

Horn, I. S., Kane, B. D., & Garner, B. (2018). Teacher collaborative time: Helping teachers make sense of ambitious teaching in the context of their schools. In P. Cobb, C. Jackson, E. Henrick, & T. M. Smith (Eds.), Systems for instructional improvement: Creating coherence from the classroom to the district office (pp. 93–112). Harvard Education Press.

Ingersoll, R. M., May, H., & Collins, G. (2017). Minority teacher recruitment, employment, and retention: 1987 to 2013. Learning Policy Institute. https://repository.upenn.edu/gse_pubs/496

Ingersoll, R., Merrill, L., & May, H. (2014). What are the effects of teacher education and preparation on beginning teacher attrition? (p. 40). Consortium for Policy Research in Education. https://www.cpre.org/sites/default/files/researchreport/2018_prepeffects2014.pdf

Ingersoll, R. M., Merrill, E., Stuckey, D., & Collins, G. (2018). Seven trends: The transformation of the teaching force – Updated October 2018 (CPRE Research Reports). Consortium for Policy Research in Education. https://repository.upenn.edu/cpre_researchreports/108

Ingersoll, R. M., & Strong, M. (2011). The impact of induction and mentoring Programs for beginning teachers: A critical review of the research. Review of Educational Research, 81(2), 201–233. https://doi.org/10.3102/0034654311403323

Kane, T. J., Rockoff, J. E., & Staiger, D. O. (2008). What does certification tell us about teacher effectiveness? Evidence from New York City. Economics of Education Review, 27(6), 615–631. https://doi.org/10.1016/j.econedurev.2007.05.005

Mary Lou Fulton Teachers College, Arizona State University. (2019). Principled innovation in the systems of educator and leader preparation. https://education.asu.edu/sites/default/files/framework-for-principled-innovation.pdf

McCardle, T. (2020). A critical historical examination of tracking as a method for maintaining racial segregation. Educational Considerations, 45(2). https://doi.org/10.4148/0146-9282.2186

Northern, A. M. (2020, July 7). A snapshot of substitute teaching in the U.S. The Thomas B. Fordham Institute. https://fordhaminstitute.org/national/commentary/snapshot-substitute-teaching-us

Osguthorpe, R. T. (Ed.). (1995). Partner schools: Centers for educational renewal (1st ed.). Jossey-Bass Publishers.

Pane, J., Steiner, E., Baird, M., & Hamilton, L. (2015). Continued progress: Promising evidence on personalized learning. RAND Corporation. https://doi.org/10.7249/RR1365

Partelow, L. (2019, December 3). What to make of declining enrollment in teacher preparation programs. Center for American Progress. https://www.americanprogress.org/article/make-declining-enrollment-teacher-preparation-programs/

Patrick, S., Kennedy, K., & Powell, A. (2013). Mean what you say: Defining and integrating personalized, blended and competency education. International Association for K-12 Online Learning. https://files.eric.ed.gov/fulltext/ED561301.pdf

Phi Delta Kappa International. (2018). Teaching: Respect but dwindling appeal (The 50th Annual of the Public's Attitudes Toward the Public Schools). https://pdkpoll.org/wp-content/uploads/2020/05/pdkpoll50_2018.pdf

Ricigliano, R. (2021, September 27). The complexity spectrum. https://blog.kumu.io/the-complexity-spectrum-e12efae133b0

Robinson, W. (2017). Teacher education: A historical overview. In D. Clandinin & J. Husu (Eds.), The Sage handbook of research on teacher education (pp. 49–67). SAGE Publications Ltd. https://doi.org/10.4135/9781526402042.n3

The School Superintendents Association [AASA]. (2021). An American imperative: A new vision of public schools. http://aasacentral.org/wp-content/uploads/2021/04/CommissionReportFINAL_040821.pdf

Spillane, J. P. (2005). Distributed leadership. The Educational Forum, 69(2), 143–150. https://doi.org/10.1080/00131720508984678

Trump, J. L., & Miller, D. F. (1968). Secondary school improvement: Proposal and procedures. Allyn and Bacon, Inc.

Vialet, J., & Moos, A. von. (2020). Substantial classrooms: Redesigning the substitute teaching experience. Jossey-Bass.

Weisberg, D., Sexton, S., Mulhern, J., & Keeling, D. (2009). The widget effect: Our national failure to acknowledge and act on differences in teacher effectiveness. The New Teacher Project. https://tntp.org/assets/documents/TheWidgetEffect_2nd_ed.pdf

World Health Organization. (2007). Task shifting: Rational redistribution of tasks among health workforce teams: Global recommendations and guidelines. https://www.who.int/healthsystems/TTR-TaskShifting.pdf

Zeichner, K. (2002). Beyond traditional structures of student teaching. Teacher Education Quarterly, 29(2), 59-64.

캐럴 G. 베이즐 Carole G. Basile

애리조나 주립대학교(ASU)의 메리 루 폴턴 교육대학 학장이다. ASU에 합류하기 전에 베이즐은 미주리대학교-세인트 루이스(UMSL) 사범대학 학장 겸 교수였다. ASU 학장으로서 교육 인력을 재설계하고 교사 및 리더십 준비 과정을 변화시키는 데 중점을 둔다. 현재 교육자와 학생을 위한 새로운 시스템을 설계하고 이 분야에서 조직적 변화를 가능하게 하기 위해 국내외 교육기관과 협력하고 있다. 수학과 과학 교육, 교사 교육, 환경 교육 분야에서 업적을 인정받고 있으며, 수많은 기사, 서적, 논문 등을 출판했다.

저서로는 〈A Good Little School and Intellectual Capital: The Intangible Assets of Professional Development Schools〉 등이 있다.

그녀는 또한 광범위한 지역사회 활동을 수행해 왔으며, 많은 학교와 교육청, 지역 사회 및 청소년 봉사단체, 사업체와도 적극적으로 협력하여 모든 어린이와 청소년을 위한 접근성과 기회를 창출하기 위해 노력해 오고 있다. Education Reimagined, American Association of Colleges for Teacher Education, Teach for America Phoenix 이사회에서 활발하게 활동하고 있고, 학장직을 맡기 이전에는 기업 훈련 및 인적 자원 개발 분야에 종사한 경험이 있다.

브렌트 W. 메딘 Brent W. Maddin

Next Education Work-force의 책임 관리자로서 애리조나 주립대학교(ASU)의 동료, P12 교육자 및 지역사회와 협력하여 분산된 전문성을 갖춘 교육자 팀을 기반으로 학교 교육 모델 재설계를 통해 모든 학생들에게 개별화된 심층 학습을 제공하고 있다. 이러한 '팀 기반' 모델은 교직에 진입하고, 전문화하고, 발전하는 보다 공평하고 지속 가능한 경로를 창출하여 교육자가 직업을 떠나는 이유의 상당 부분을 해결하고자 한다. ASU에 오기 전에 그는 Relay 교육 대학원의 공동 창립자이자 학장으로 재직하면서, 대학원의 교육과정 비전을 설정하고 교육과정 설계, 기관 성과 연구 및 프로그램 혁신을 중점 담당하는 팀을 관리했다. Relay에 있는 동안 그는 교사 양성기관 간의 협력을 강화하기 위한 국가 센터인 Teacher Squared도 설립했다. 하버드 교육 대학원에서 박사 학위를 취득하고 IDEA College Prep의 창립 직원으로 재직했으며, 전국적으로 인정받는 중등학교 과학교사였다.

리처드 L. 오드레인 R. Lennon Audrain (Richard "Lennon' Audrain)

ASU의 메리 루 플턴 교육대학에서 교육 정책 및 평가 분야를 전공 중인 박사과정 생이다. 박사 학위 과정 진학 이전에 Lennon은 애리조나와 매사추세츠에서 라틴어, 스페인어 및 영어 교사로 학생들을 가르쳤으며, Educators Rising의 전임 전국 회장을 역임하였다. 그의 연구 분야는 교사 양성과 채용이다. 특히 그는 Teacher Academies로 알려진 고등학교 기반 교사 양성 프로그램과 커뮤니티 칼리지 기반 교사 교육 프로그램을 연구하고 있다. 특히 프로그램 설계, 프로그램 이수 완료 후 받은 자격 체계 및 다른 프로그램과의 연계 등을 분석하는 데 초점이 있다. ASU에서 라틴어와 문학 전공으로 학사 학위를 받았고, ASU에서 커리큘럼 및 수업 석사 학위, Harvard 교육대학원에서 교육혁신 및 테크놀로지 전공 석사 학위를 취득했다.

정바울

보스턴 칼리지에서 학교혁신을 주제로 철학박사 학위를 취득하고 현재 서울교대 교육정책 및 리더십 전공 교수로 재직 중이다. 관심 주제는 학교 변화와 혁신, 리더십, 교육과 테크놀로지, 교사 양성과 전문성 개발이다. 역서와 저서로는 『대학평가의 정치학』(학이시습, 2018), 『교사교육의 딜레마』(박영스토리, 2021), 『잠자는 거인을 깨워라』(에듀니티, 2020), 『코로나 시대 학교의 재탄생』(학이시습, 2020), 『로봇은 교사를 대체할 것인가』(에듀니티, 2022), 『지속가능한 리더십』(살림터, 2024) 등이 있다.

김지연

2002년부터 교육부 행정사무관으로 입직하여 국제교육협력과, 진로교육정책과, 인성체육예술교육과, 고등교육정책과, 양성평등정책담당관 등 주요 교육정책과 행정을 두루 경험하였다. 교육부 재직 중 미시간대학교 교육대학원에서 고등교육 재정을 주제로 철학박사 학위를 취득하였다. 2020년부터 3년간 프랑스 파리 소재 주오이시디대표부에서 교육참사관으로 근무하면서 OECD와의 교육 협력 업무를 추진하고, OECD 교육장관회의가 성공적인 개최를 하는 데 기여하였다. 2023년부터 서울교육대학교 총무처장으로 재직하면서 국립대학 혁신과 질 관리, 재무 관리 및 대학 시설 투자와 지원 업무를 담당하고 있다.

신승기

미국의 조지아대학교에서 Computational Thinking을 주제로 교육학박사(Ph.D.) 학위를 취득하고 현재 서울교육대학교 컴퓨터교육과 교수로 재직 중이다. 서울교대에 부임하기 전 미국 애리조나 주립대학교의 메리 루 풀턴 교육대학에서 Computer Science Education 전공 교수로 근무하였으며, 미국 칼빈슨 정부 연구소에서 연구원으로 근무한 바 있다. 관심 주제는 정보교과교육 및 교육과정, 컴퓨팅사고력, 인공지능교육, 게임기반교육 등이 있으며, 저서로는 『인공지능교육과 데이터과학』(홍릉, 2023) 등이 있다.

삶의 행복을 꿈꾸는 교육은
어디에서 오는가?

● **교육혁명을 앞당기는 배움책 이야기** 혁신교육의 철학과 잉걸진 미래를 만나다!

● 비고츠키 선집 시리즈 발달과 협력의 교육학 어떻게 읽을 것인가?

● 경쟁과 차별을 넘어 평등과 협력으로 미래를 열어가는 교육 대전환! 혁신교육 현장 필독서

참된 삶과 교육에 관한
생각 줍기